目次

はじめに ……………………………………………………………… 2

第1章　子どもの生活リズムと心身の健康 …… 5
―概日リズム（サーカディアンリズム）と体内時計―

第2章　よりよい学校生活をめざして ……………… 9
　A．観察のポイントと対応 ……………………………… 10
　B．日常的な行動観察の役立て方 ……………………… 18
　C．子どもの「ことば」に耳を傾ける ………………… 21
　D．実際のケースから …………………………………… 24

第3章　アンケート調査から ………………………… 49
　A．小中学生を対象とした調査から …………………… 50
　B．小学校教員を対象とした調査から ………………… 55
　C．さらに知りたい方のために ………………………… 64

おわりに ……………………………………………………………… 72
あとがき ……………………………………………………………… 74

はじめに

　私は小学校の校長になるまで、長年、小学校の養護教諭をしていました。私が保健室に来室した子どもたちと親しくおしゃべりするなかで、その子どもたちが、広く明るい世界の中でのびのびと暮らしているように感じる時と、逆にとても窮屈な中で何とか頑張って生き延びていると感じる時があることに気づきました。笑顔あふれた子どもたちからは幸せのおすそ分けを頂いて、ああこのまままっすぐに育ってほしいと願う時、それはとても幸せな時間でしたが、その一方で、あまりに小さく無力に見える子どもたちとも出会いました。果たしてこの子をこのまま保健室から帰して大丈夫だろうかと心配したこともありました。どの子にも笑顔いっぱいの幸せな毎日を過ごして欲しいと願うのに、なぜ次々と辛さを抱えた子どもたちが現れるのだろう、この子どもたちのこころを窮屈にしているものはいったい何だろうか。そしていつしか、保健室の外の子どものことをもっと知りたいと考えるようになりました。子どもたちが一日の大半を過ごす学校生活と家庭生活の様子がわかれば、子どもたちが心身ともに健康な生活を送る手助けができるのではないか。この本はそんな思いから生まれました。

　本書でとりあげたケースは、どこの学校でも起こる可能性があり、また、どこの学校でも懸命に予防あるいは解決に取り組んでいることではないかと思います。全国の一般教諭と養護教諭の方々、そして保護者の方々にぜひ活用していただき、この世界が子どもたちにとって少しでも居心地の良い場所になるための一助となることができましたら幸いです。

　本書の内容は大きく3つに分かれています。
　第1章では、青木清先生が神経行動学（ニューロエソロジー）の視点から、ヒトにも存在する生物の概日リズムが人間の心身の健康に及ぼす影響を説明し、子どもが体内時計を適切に保持して生活リズムを整えることに対する大人の責

任に言及しています。

　第2章では、吉田浩子先生と門田が、大人がその責任を果たすための方法のひとつとして、「困っている」ということ言葉にできない子どもたちが発する"無言のメッセージ"を、私たち大人が感じ取るためのヒントをまとめました。子どもが発信している様々な信号を受け取るために、特定の行動を注意深く観察することで、見えてくるものがあります。

　観察の記録とまとめ方には行動観察の手法を取り入れてみました。さらに、養護教諭時代と小学校校長時代の事例を用いて、具体的な対処方法の例を紹介しました。なお、ここで記述した事例は、事実に基づいていますが、個人が特定できないように必要に応じて内容を改変していることをお断りしておきます。

　第3章は、門田が青木清先生と吉田浩子先生のご指導のもとでまとめた博士論文を中心に作成したものです。これは、子どもたちの行動を科学的に検証するために、小学校第4学年から中学校第3学年までの児童生徒の皆さんに協力していただいた調査結果と、小学校教諭の皆様にご協力いただいた調査結果を分析し、子どもたちや先生の様子を実証的に示したものです。具体的には、登校意欲と家庭生活、学校生活、学習に対する負担感、疲労感、心身不調に対する自覚症状を数値化し、その結果を統計的に解析しました。このような手法は、子どもの生活の実態を客観的かつ実証的に解き明かすために有効です。

　最後に、アンケートによる調査を終えたひとりの教育者としての感想も添えました。これから子どもの生活を科学的に調査する方々の何かの参考になればうれしく思います。

平成28年12月

門田　美惠子

第 1 章
子どもの生活リズムと心身の健康
――概日リズム (サーカディアンリズム) と体内時計――

私たちは、自らの体験から体内に時刻感覚が存在することを知っています。運動や睡眠などの行動パターンや様々な生理機能には概日リズムがあるからです。ヒトの概日リズムは約24時間周期で、概日とは「約1日」、ギリシャ語でサーカディアンと呼ばれます。この概日リズムは体内時計によって調節されています。体内時計は、本来は自らの生活環境により良く適応するために獲得されたものですが、現代の人間社会は概日リズムが攪乱される環境に満ちており、体内時計の乱れから睡眠障害が起こり、これが生活習慣病の発症や進展の要因となることが懸念されています。ここでは、子どもが規則正しく生活することが重要な理由を、概日リズム（サーカディアンリズム）の視点から説明します。

　概日リズムは、光などの環境要因を取り除いた恒常条件下でも体内に存在し、ヒトだけでなく地球上の様々な生物に見られます。例えば、犬や猫に毎日規則正しく食事を与えると、彼らは食事の時刻を正確に記憶します。このような時刻感覚は、ミツバチのような昆虫にも見ることができます。概日リズムと体内時計の関係を理解するために、ミツバチを使った実験を紹介しましょう。林に囲まれた草地にある巣箱で飼育されているミツバチに、巣箱から50メートルほど離れた餌場を用意します。餌は、机の上のシャーレに入れた砂糖水です。この砂糖水を、5月から6月にかけて、毎日午後4時から6時の2時間だけ提示しました。毎日、餌をみつけて飛んできたミツバチの背中に、一匹ずつ別の色で印をつけて、どのミツバチが餌を取りに来たかわかるようにしていきました。こうしてミツバチが毎日この餌を取りに来るようになった頃に、まったく同じ時間帯に砂糖水の入っていないシャーレを提示してみたのです。この日、シャーレには餌が入っていないにも関わらず、背中に印があるこれまでに餌を取りに来た経験のあるミツバチがたくさん集まりました。ミツバチが、これまで餌が提示されていた時刻に餌がなくても集まったことから、彼らには時刻感覚があることがわかりました。

　さらに、時差のあるふたつの地域で同様の実験をしたところ、ミツバチには体内時計があることもわかりました。フランスのパリで餌の時間を学習したミ

ツバチの巣をすっぽりと黒い布で覆い、アメリカのニューヨークに運びました。パリの正午はニューヨークの午前7時に相当します。ニューヨークに運ばれたミツバチは、パリで餌が提示されていた時刻に餌場に飛んできました。ミツバチは、海を越えても、自分の体内時計が示すパリの時間で行動したことになります。ヒトにも同じような現象が起こることは良く知られています。日本で生活する私たちが、東京からニューヨークに直行便の飛行機で旅行すると、しばらくはニューヨークにいても体内時計は東京の時刻で動くので、様々な現象に悩まされることになるのです。

　このように、ヒトを含む地球上の動物たちは、自らが生存している地域の時刻を学習し、その環境に適した生活をしています。生命現象の時間的構成は、しかるべき場所で、しかるべき物質を適切な時間に摂取するという基本的法則の上に成立しているということです。体内時計とは、生物が個々の生息環境により良く適応するためにあると言えます。

　さらに、ヒトの場合、睡眠は欠くことのできない生理機能のひとつです。睡眠不足は、心身の健康を阻害します。睡眠不足は、記憶、感情、食欲の調整、といった中枢神経系、すなわち脳の機能に悪影響を及ぼすことが良く知られています。例えば、睡眠不足は、膵臓で作られるインシュリンというホルモンに対する体内の反応を低下させ、肥満のリスクを増大させたり、また人体の免疫機能を低下させ、感染症に対する抵抗力を低下させてしまいます。反対に、良く眠ることで記憶力が向上し、学習能力が高まることがわかっています。睡眠は、ホルモンのバランスから免疫による身体の保護に至るまで、様々な身体機能に直接影響を及ぼしていることは明らかです。これらの人体の内部の活動は、先に述べた概日リズムと呼ばれる約24時間のサイクルによって制御されています。哺乳類を対象とした様々な研究から、このリズムは、脳の視交叉上核と呼ばれる神経細胞から構成される領域によって作り出されていることがわかりました。この視交叉上核は、体内の様々な器官の活動リズムを一致させるように調整していますが、この部分は両眼から入る光情報の受容体でもあります。従って、概日リズムを司る体内時計は、自然界では光（太陽光）によって調整

されていると言えます。このことは、夜間に強い人工的な照明の下で長時間過ごすことが身体のリズムを乱す原因のひとつとなることを示唆します。健康な生活を維持するためには、体内時計を適切に保ち、生得的な概日リズムを健全な状態に維持する必要があると言えるでしょう。

　具体的には、体内時計を健全に保持するために、以下のようなことに注意すると健康に良いと言われています。
　①毎朝、決まった時刻に起きて、太陽の光が入る明るいところで朝食を摂ると良いでしょう。
　②１年365日、毎日ほぼ同じ時間に起床、就寝する習慣を身に付けます。
　③夜間は、眠る前にパソコン等の液晶画面のブルーライトが目に入らないようにします。
　④朝食と昼食を毎日同じ時間にしっかりと食べます。就寝前の遅い時間帯に夕食を食べないことも重要です。

　これらのことを実行し、規則正しい生活リズムを維持することが、身体の健康を守ることになります。成長段階にある子どもたちが正常な体内時計を維持することができるように指導することは、子どもの健全育成を担う大人の責任と言えるでしょう。

（文責　青木　清）

第 2 章
よりよい学校生活をめざして

第1章から、子どもの生活リズムを維持することの大切さがわかりました。それでは、子どもたちが正確な体内時計を維持できるようにするためには、学校ができることは何でしょうか。毎日子どもたちと関わる教職員はどうすれば良いのでしょうか。子どもたちの生活リズムの乱れを早期に発見し、適切に対応することができれば、体内時計のズレが小さいうちに、もとに戻すことができるはずです。そのためには、1日の大半を学校で過ごす子どもたちの些細な変化を捉えることが必要です。この章では、子どもたちの変化に気づくための観察ポイントとその対処方法、誰にでもできる簡単な行動観察の手法を示した上で、いくつかの事例についてご紹介したいと思います。

A. 観察のポイントと対応

ここでは、著者の養護教諭および小学校校長としての経験に基づいた、現場の教職員がすぐにでも実行可能な健全育成阻害因子の早期発見につながる日常の児童生徒の観察ポイントと簡単な対応方法を以下に示します。教職員用参考資料「子どもの心のケアのために－災害や事件・事故発生時を中心に－」（文部科学省：十一元三・采女智津江・門田美惠子他共同執筆、2010)[1] ら[2] に示した観察ポイントを参考に加筆したものです。

A-1 日常的に観察し、教職員間で共有すべき観察ポイント

以下は、日常的に教職員が気にかけておく必要がある子どもの様子です。「何かおかしい」と感じたら、まずは本人に声をかけることが重要です。その上で、些細なことでもできるだけ教職員間で必要な情報を共有し、対応を協議しておくことです。

A-1-1 生活の基本に関わる観察ポイント
①睡眠（睡眠が十分に取れているか）
　1．朝の登校時の様子から

・遅刻しそうになり走ってくる、遅刻をする
・洗顔や歯磨きをした様子が見られない、髪の乱れがある
・集団登校の場合、班の集合時刻に遅れる
2．顔や表情はどうか
　目が赤い、目をこする、瞼が重そうである、笑顔がない
　顔色が悪い、気持ちが悪そうである、ぼんやりしている、頭を抱える
3．授業中の様子
・椅子に座った姿勢でまどろむ、下を向いている、眠そうである、机に伏せて寝てしまう
・教室や保健室で眠ってしまうが、起こせば起きる
・授業の参加意欲が見えない、反応が少ない、あくびをする、忘れ物をする
・頭を抱える
・体育の授業では、いつもより活発さに欠け、体がだるそうである
4．休み時間・清掃時間
・いつもより元気がない、進んで行動できない、すぐ物に寄りかかったり腰かけたりする

②**食事（弁当や給食の摂取状況）**
　・給食開始後すぐに食べ終わる、何度もお代わりをしたがる
　・暗い表情で食べている
　・全く食べない、少ししか食べない

③**規則正しい学校生活（出席状況）**
　・欠席日数（連続、合計）病欠日数が多い
　・遅刻早退の状況とその理由がはっきりしない
　・理由のはっきりしない欠席や、長引く欠席がある

A-1-2　心身の状態に関わる観察ポイント

①**皮膚・爪の状態**
　・発赤、熱っぽい、発疹がある

- 湿疹がある　痒そうである　掻いている
- けがをしている

②顔、表情
- ささいなことでイライラする、ビクビクしている
- 急にかっとなり怒ったような顔をしている
- 暗く沈んだ心配そうな表情をしている
- 呼名をしても返事がなく、無表情、あるいはぼんやりとしている
- 顔、毛髪、吐く息などからタバコの臭いがする
- 顔色が悪い（赤い・青い）
- 鼻水、鼻づまりがある、さかんに咳やくしゃみをする
- 目が赤い、眼やにがある、まぶたが腫れている、白眼が黄色になっている
- 耳下腺が腫れている

A-1-3　児童生徒の関係性に関わる観察ポイント
- 他人のささいな過ちに対し大げさにせめたてる
- 嫌がっている相手を執拗にからかう
- 人の名前や体型を題材にして、はやしたてる
- 数人で特定の子を避け、陰でひそひそと話す
- 他の児童生徒の机の位置から、極端に離れたところの机で給食を食べている
- 長縄遊びで特定の子が失敗するように意図的に縄を操作する
- 壁を蹴ったり大声を立てて暴れる
- 人に向けて物を投げる
- いつもひとりでポツンとしている
- 人目のつかないところで数人のグループに囲まれて小突かれている
- 困った表情の相手に数人で格闘技の技をかけている
- すれ違いに故意に足をひっかける、体をぶつける
- 体の小さい子を大きい子が抱え、用具室等に入れて鍵をかける

第2章 ●よりよい学校生活をめざして

- パック牛乳にストローをさし、わざと人に向けて牛乳をかける、牛乳パックを人に向けて投げつける
- 隠し持ったタバコの火を同級生の身体に押しつける
- 靴箱に入っている靴の中に画鋲をかくし入れる
- 下校時、手ぶらで歩く級友の後ろから、いくつものかばんを持って苦しそうに歩いている

A-1-4 学業に関わる観察ポイント（授業中の態度・成績）
- 急にテストの成績が悪くなった
- 宿題をやってこない、提出物を出さない
- 授業中に私語が多い、授業に参加している様子が見られず集中できていない
- 授業を受ける表情に明るさが見られず、時に不安な表情を見せる
- 授業中ノートを取らない、暗い顔で考え事をしている
- グループ学習に参加できず、だれも声かけをせず孤立しているように見える

A-2 観察直後に緊急に対応すべき事項

以下のような様子は、ただちに対応すべき危険な状態です。生命の危険があるので、様子を見ることはせず、すみやかに養護教諭、管理職、保護者に連絡をとって下さい。

A-2-1 即刻救急車を呼び直ちに医療機関に送致する[3]
①**心停止**
　児童生徒の手首（親指側）、又は首（頸動脈）で脈がとれない
②**意識がない**
　眠ったようになり、耳元で声をかけて起こしても起きない（呼びかけに反応がない）。

③呼吸がないか異常な呼吸(気道が塞がっている)

　　呼吸の状態(或いは有無)を児童生徒の口・鼻の近くに教員の耳や頬を近づけたり目視で胸部の動を確認して確認する、気道が塞がっている場合は、強い咳をさせようとしても咳ができない。

④アナフィラキシー(ショック)の疑い[4]

　　口の周りが赤くかゆそう。唇のしびれ感やのどがしめつけられる感じを訴える。息苦しそうな表情で、肩を上下させるような荒い呼吸をしている、咳発作やゼーー・ヒューヒューのような異常な呼吸音がある。

　　体の皮膚のあちこちに赤いところがある、発疹やじんましんが出ている。

⑤けいれんがとまらない

　　継続時間の多くは1～2分間、長くとも5分以内でおさまることが多い[5]

⑥頭・首・胸・腹などの大きなけがをした(大きく開いた傷が出来た、多量の出血をしている　広い範囲のやけどをした等)

⑦骨折(一般車両で搬送が困難な場合は救急車を要請する)

⑧激痛がいつまでも止まらない

⑨ガス中毒

⑩感電

⑪落雷

⑫その他

救急車出動依頼後の対応[4)5)6)]

①②③呼びかけに反応がなく、呼吸がない場合は、すぐに複数の教職員に協力を求め、ひとりは「心肺蘇生」を開始し、ひとりは「救急車(119)」を呼び、ひとりは「AED」を持ってくる……など役割を分担して迅速に対応する。

　　熱中症が疑われる場合は、冷房の効いた室内に運び、冷たいタオルやうちわ、扇風機を使い早く体温を下げる。

④アナフラキシー(ショック)の疑いがあり、医療機関から処方されたエピペ

ンを児童生徒が所持している場合は、ただちに児童生徒本人または教職員が使用する。

　エピペンを使用することによる副反応より、使用しなかったことによる生命の危険が大きいことから、躊躇せず使用すべきである[4]。アレルギーのある児童生徒が在籍している場合は、あらかじめ教職員間でその情報を共有するとともに、エピペンの使い方を研修しておくことが望ましい。

⑤けいれんが起きたら、ただちに衣服のボタンをはずし、ベルトを緩め楽に呼吸ができるようにする。吐きそうなときは顔を横に向け気道を確保する。周りに危険なものがないか、また倒れたとき頭を打っていないかを確認する（けいれんがすぐに収まり、救急車を要請するほどでもないと思われる場合でも、原則として専門医による診察や医療機関での検査を勧める）。

⑥大きなけがは、状況によって対応が異なる。
- **大きく開いた傷**：必ず手洗いをしてから手当をする。傷口に滅菌保護ガーゼを当てて包帯をする。
- **出血が多い時**：直接血液に触れないこと。ガーゼやハンカチで傷口を圧迫して止血し包帯を少しきつめに巻く。
- **やけど**：冷たい水や水道水で痛みが取れるまで冷やす。衣服で覆われた部分の場合は、衣服の上からそのまま水をかける。水ぶくれができても、つぶしたりせず清潔なガーゼで覆い、その上から冷やしながら救急車を待つ。

⑦骨折は、安静と固定が必要。骨折部が曲がっている場合は、戻さずそのままの状態で救急車を待つ。最も楽な体位にし、顔色が悪い時は毛布などで全身を保温する。

⑧激痛が止まらない時、そばについて安心感を与えながら、最も楽な体位にして救急車を待つ。

⑨ガス中毒は、二次災害を防ぐため、救急隊の指示を仰いで救急車を待つ。

⑩感電は、必ず電源を切ってから近づく。心停止・呼吸停止・意識不明の場合は①②③に準じ心肺蘇生を行う。感電の傷は冷やした後清潔な布で覆う。

⑪落雷は、⑨の感電と同様に心肺蘇生を行う。熱傷や外傷に対しては冷やした

後にガーゼで覆う。

（参考）
 (ア)児童生徒の正常値：
  ・呼吸14回〜20回[6]　　　・脈拍60回〜80回[6]
  ・平均血圧：最大（収縮期）血圧100〜120mmHg
      最小（拡張期）血圧60〜70mmHg[7]
  ＊平均最大（収縮期）血圧の求め方＝80＋（年齢×2）mmHg[7]
 (イ)危険な症状[6]：
  呼吸が浅く速い状態、脈拍が弱く速い状態、ぐったりしている
  皮膚が冷たく湿っている、顔色が白い又は青黒い、尿をもらす

A-2-2 児童生徒の心身の症状から何らかの疾病が疑われるため、小児科・心療内科・小児精神神経科等での受診、又は、専門の相談機関での検査や相談を勧める。

①呼吸器系
・発作性に深呼吸を早くする、手足のしびれやけいれんがある。
・ヒューヒューゼロゼロという喘鳴を伴う呼吸困難がある。

②消化器系
・食欲の異常（拒食・過食）、給食をほとんど残す、給食後にすぐに嘔吐してしまう、体重を気にする。
・下痢や便秘などの繰り返す便通異常、腹痛を訴える。

③皮膚系
・無意識又は意識的に繰り返し毛髪を抜く。
・頭髪や眉毛部に、一個又は数個の円形に脱毛がある。

④筋肉・骨・関節系
・顔面や首、体、四肢の特定の筋肉に、無意識（不随意）に何度も起こる目的のない運動や発声をする。

⑤脳・神経系
・突然に、胸がドキドキして呼吸が止まりそうになる、同時に死ぬのではないかという強い不安を訴える。
・箸の持ち方・手の汚れなどのささいなことが気になり、満足するまで何十回もやり直す、いつまでも手を洗っている、次々に心配ごとを訴える。
・自分の性器をみせる、他の児童生徒の性器を触ったり、見せて欲しいと言う。
・手首や上腕や足などにリストカットの痕がある。
・手にたくさんの注射針の痕がある、前歯接面の形状が独特のギザギザ状になっている、多弁と寡黙を繰り返す、怒りっぽくなる、多量に水分を取る、食欲がなく頬が痩せこける、極端に友だちづきあいを嫌がる。
・実際には存在しない人やものが見える、頭の中に声が聞こえると言う。
・憂鬱そうで、何事に対しても意欲や自信がなく、否定的な発言が目立つ。「死にたい」と訴える。
・授業中に立ち歩く、授業中に教室の外へ飛び出す、いらいらしやすい、注意が集中しにくい、ささいなことで激怒する、殺してやるという。
・ナイフを所持し昆虫や小動物などを切り刻む。
・人に向かって小刀で切りつける。コンパスで急に他人を刺そうとする。
・「聞く、話す、読む、書く、計算する、推論する」の能力のうちの、特定の分野の習得が難しい。
・こだわりが強く、周囲の人々や状況と上手に関わることが苦手である。

A-2-3 「児童虐待の疑い」があるため、早急に校内組織で教職員の情報を集約する。校長又は教頭は、情報を総合的に判断し、児童相談所（又は福祉事務所・市町村・教育委員会）に相談・通告する[8]。
①頭のコブ、腫れ、からだに打撲後のような黄色や赤紫色の不審なアザや傷や骨折がある。
②真冬でも毎日皮膚露出面の多い薄い半袖の服1枚を着ている（衣服が季節に

そぐわない)。
③衣服や下着が汚れ臭う、何日も同じ服を着ている。
④皮膚にタバコの火を押し当てられたような、境界が明瞭な円形の火傷跡がある。
⑤不自然な熱傷（やけど）のあとがある。
⑥頭や体が汚れ、体臭がありお風呂に入った様子がない。
⑦急激な体重の減少があり、いつもおなかを空かせている。異常な食欲がある。
⑧治療が必要と思われる状態でも保護者が受診させようとしない。

A-3　その他

児童生徒の家庭についても以下のような情報は日常的に集積しておくと良いでしょう。

A-3-1　保護者は授業参観や懇談会に参加しているか
A-3-2　子どもの生活や進路等について話し合うことができる保護者か
A-3-3　給食費や積立金等集金の納入状況
A-3-4　保護者といる時に子どもが安心しているか

児童生徒は登校してから下校するまでの多様な場面で、刻々と変化し様々な姿を見せており、さらに、観察ポイントはこれらに限られているわけではありません。日頃からそれぞれの子どもを良く観ていることが大切です。

B．日常的な行動観察の役立て方　　　　　（文責　吉田）

「観察」とは、あらゆる科学の基本です。目の前にあるものを良く「観る」ことで、私たちは様々なことを気づくことができます。何の道具も、言葉すら必要ありません。でも、ただひたすらに観ること、それは誰にでもできることのようで、実はそれほど簡単なことでもありません。なぜなら、「何を見るべきなのか」、観察ポイントを意識して見ていなければ、目の前でとても重要な

何かが起きていても、それに気づかないことがあるからです。私たちの目は、見たいものだけを見るようにできていると言い換えても良いでしょう。だからこそ、まずは子どもの様子の観察ポイントを知ることがとても大切です。A-1に示されたリストによって、日常的に「何を見る必要があるのか」という点がはっきりしました。

　では、この観察した内容から子どもの「変化」に気づくためにはどうすれば良いのでしょうか。日常的に意識的に一定の行動を観察し、継続的に記録することで、児童生徒が発するごく些細な信号を捉えることができます。それは背景にある大きな問題の早期発見のきっかけにつながることもあるでしょう。以下にその具体的方法を示します。

B-1　観察のターゲットとなる行動あるいは事項を決めます

　この時、気をつけなくてはならないことは、「誰が観察しても同じように観察できること」を対象とするのか、「観察者によって異なって見える可能性があること」を対象とするのか、はっきりと区別することです。例えば、「顔を机に伏せる」という行動は、「だれが見ても同じ行動」ですが、「顔色が悪い」「元気がない」といった観察者の印象や判断が根拠になる事象は、人によって「見え方」が異なる可能性があります。日によって観察者が異なる場合は、「誰が見ても同じ行動」を観察対象に選択する必要がありますし、毎日同じ観察者が観察するのであれば、判断基準が極端に揺らがない限り、「印象」や「主観」による観察でも良いことになります。何回か観察しているうちに、それぞれの子どもの「通常」がわかってくると思います（ベースラインと呼ばれます）。さらに、多くのことを一度に観察しようとするよりも、たったひとつのことで良いので、毎日観察を継続できることが確実な、ごく簡単な行動を観察対象として選択することがとても大切です。ここでは、例えば毎朝出席を取る時の児童の「視線の方向」に着目し、「先生の目を見て返事しましょう」といった指示を一切与えずに、名前を呼ばれた時の自発的な反応を継続して観ることにします。

B-2 観察記録の取り方を決めます

観察ポイントは名前を呼んだ時の児童の「視線の方向」ですから、先生と視線が合ったら◎、視線は合わないがこちらを見ていたら○、下を見ていたら×、横を見ていたら△、のようにできるかぎり瞬間的に記録できるわかりやすい記号を決めておきます。細かく観察することが難しいなら、例えば「下を見ていたら×」ということだけを決めて記録してもかまいません。

B-3 記録用紙を作成します

出席簿と同じような、横に氏名、上に日付が入った表があれば十分です。

B-4 決めた行動を毎日同じ時間に観察します

表の中に該当する記号を入れていきます。ひたすら毎日同じことを観察し、チェックすることになります。

B-5 観察を継続し変化に着目します

1週間も記録を続けると、ターゲットとした行動がどの程度の頻度で出現するのか、おおよその傾向がわかってきます。2週間続けると、それぞれの児童生徒に特有の傾向があることがわかるでしょう。3週間、4週間と続けても、ひたすら同じ記号を記入することになるかもしれません。それで良いのです。ゆとりがあれば、1週間ごと、1ヶ月ごとに各個人の◎の数を集計する、といった作業をしておくと、後で役に立つこともあります。例えば「視線が合うことがまれである」ことを客観的に示すことができれば、その児童生徒が必要な特別な支援につなげられるかもしれません。

また、続けていくうちに、あれっと思う変化が出現することがあります。例えば、これまで1ヶ月以上、ずっと◎が記入されていた、すなわち名前を呼ばれた時に先生の目を見て返事していた児童が、その日は×「下を向いていた」記号であれば、それは何かの信号と解釈できます。たまたまその日の朝にお母

さんとケンカしたのかもしれませんし、前日に夜更かししたのかもしれません。翌日にはまたいつもの行動に戻っていれば、特段に気にする必要はないこともあります。でも、その翌日もやはり×だったら、やっぱり何かおかしいのです。積極的に声をかけるきっかけとなる行動の変化を捉えた、ということになります。

　この日常的な些細な行動の観察は、ひたすら継続することで初めて効果を発揮します。誰でも簡単にできることではあるのですが、継続するためにはそれなりの意志の力が必要になります。また、どの程度の変化を「重要な信号」と捉えるのか、これは様々なケースが想定できるので、悩ましい問題のひとつでしょう。給食を全部食べられたか、おかわりをしたか、といったことでも良いかもしれません。何か大きな問題が発覚して、観察記録を見返したら、「そういえばこの頃からちょっといつもと違っていた」と振り返る、そんなふうに客観的情報の確認に使用することもできるのですが、行動観察とは、本来は「次の行動を予測する」ために行うものでもあります。時に行動は言葉より多くの何かをこちらに語りかけてきます。日々同じことをひたすら観察して記録する、ただそれだけのことで子どもの発信する小さな信号を捉えられるなら、試みる価値はあると思います。

C．子どもの「ことば」に耳を傾ける

　児童生徒の観察は、あくまでも彼らの状態を把握するひとつのきっかけにすぎません。行動観察から見えてくることだけではなく、子どもたちが何を考えているのかを適宜知ることで、様々な問題を早期に発見し解決につなげることができると考えます。以下に、経験的に有効と思われる方法をいくつかお伝えしたいと思います。

C-1 毎月「一人5分間面接」を実施する

　学級担任、養護教諭等がクラスの児童生徒と、他に誰もいない教室等で1対1で話す機会を設けます。1回5分間でも様子はわかります。40人クラスでも必要な時間は3時間ですし、話の聞き手は学級担任である必要はないかもしれません。月1回が無理なら2月に1回であっても何もしないよりは意味があると考えます。児童生徒にとってはこの時を楽しみにしている場合もあるでしょう。

C-2

　小学校の場合は、1対1ではなく7～8人程度のグループに教員や養護教諭が入って話を聞くことも有効です。まず、順番に話したいことを何でも話し、次に誰かが困っていることがあれば、みんなで話あって解決策を考えます。何を話しても良いけれど、誰かが言ったことを否定しない、1回の話し合いの時間は15分程度というルールを最初に確認しておきます。

C-3

　校内に「相談ポスト」（例えば「お話のはこ」と名づけます）を設置します。相談したい先生の名前と自分の名前、簡単に内容を書くことができる用紙を一緒においておきます。ポストには鍵をかけておき、毎日担当者がポストの中を確認します。お返事の必要な場合は返事を書きます。

C-4

　月に1回（又は学期に1回）、全校で一斉に「先生への手紙」を書いてもらいます。「進路について」「学習について」「生活について」「その他」の用紙を用意し、好きな題名の用紙に手紙を書いて自分の名前を書き封筒に入れて提出します（いくつでも可とします）。自宅で書いて提出してもらっても良いでしょう。返事のほしい人はそのことも書いてもらいます。著者の関わった学校

では、日頃から、「人権週間」「お話しカード週間」「お手紙週間」等が設定されており、給食時間に一斉全校放送で担当者がそれぞれのテーマに沿った話をしていました。「人権週間」には、児童生徒や先生が順番に人権に関係のある自分の体験について話す、「お話カード週間」には、保健室の前に児童が自由に記述できるように設置してある「お話しカード」に記述された内容の中から他の児童にも役に立ちそうなことを選び、記入者の了解を得た上で養護教諭が話す、といったことです。「お手紙週間」には、ポストの設置場所、活用の仕方、手紙の書き方等を学習担当あるいは児童指導担当教諭が紹介していました。この機会を利用して、「先生への手紙」について紹介すると、さらに周知徹底されると思います。

C-5

学級担任と交換日記を交わします。週に1度でも、何もしないよりは良いかと思います。

C-6

学期に1回は「全校教育相談」の期間を設定し、各教室だけではなく校長室や保健室も保護者をはじめ関係者に解放します。この期間は「学校に行こう週間」や「授業参観」なども組み込まれ、教職員、児童、保護者、誰でも校長や養護教諭・栄養教諭等と面談できるようにします。このような試みは、校長の一存のみで実施できるものではなく、教職員の協力と理解が前提となります。防犯上保護者の方も名札を着用して来校し名簿にも記載します。時には夫婦間や近所のもめごとの相談もありましたが、「誰が何を困っているのか」を把握し、対処するためにはとても有効な方法でした。特に保護者が相談に来られた時には、時間を取って対応します。

上記のような積極的な方法を採用しなくても、日ごろから管理職、教師、児童生徒、保護者が良好なコミュニケーションを維持していれば、お互いの信頼

関係が築かれ、子どもたちの状況は自然に把握されることが多いものです。それでも、日々の忙しさに紛れて見落とすことが多いのもまた確かでした。「あなたの話に耳を傾ける人がここにいます」というメッセージを伝え続けることで、救われる子どもがいるのなら、積極的に子どもたちの言葉を聴く機会を取り入れる、そんな努力をしても良いと思います。大きな事件が起きてから何度もアンケートを取って事実を確認するよりも、日常的な小さな出来事をひとつずつ丁寧に解決するほうが、結果的には子どもにも大人にも良いことがたくさんあるのではないでしょうか。

D. 実際のケースから—

実際の学校現場では、児童生徒と関わるきっかけが生じてから、具体的な対応方法に迷うことも少なくありません。以下に、著者が関わったケースをいくつかご紹介します。なお、それぞれのケースは事実に基づいていますが、必要に応じて内容を一部改変あるいは複数の事例を統合して示し、誰にでも生じる可能性があることから、性別も特定していません。

D-1 不登校のAさん（保健室からの登校 p78）[9) 10)]

養護教諭をしていた時のお話しです。所属校の校長からの指示で、養護教諭と学級担任が連携して対応しました。

この小学校では、5年生はひとクラスのみで、1年生の時から学級の組変えがなく、学級担任も5年間同じ教諭でした。Aさんは、4年生の2月中旬から約半年ほど欠席が続き、学校に通えるようになりたいと5年生の8月中旬に転校を決め、このクラスに転入してきました。

まず、夏休み中に、学級担任の依頼で、手紙を届けるために何度か家庭訪問をしました。Aさんは、色白で小柄な児童で、最初は下を向いていましたが、名前を呼ぶと不安そうな目を上げて、小さな声で返事をしてくれました。Aさんと引っ越してきた犬の世話を一緒にしながら、前の学校のことは今度のクラ

スの人は誰も知らないことを強調し、新しい生活を始めることができることを話しました。好き嫌いが多く、給食を食べることができないと言うので、給食は食べなくても良いことを伝え、家で勉強したいというＡさんのために、学校の時間割にあわせて教科書を読むことにしました。母親からは、結婚して間もなく夫婦仲がうまくいかなくなったこと、子どもの不登校も重なり、心労からか体調が悪くなり、夫と別居し実家で子どもと暮らすことにしたこと等を聞きました。母親には、養護教諭が専門的に関わること、担任教諭もやさしい先生であること、お母さんも病院に行く必要があると思うこと、を伝えました。父親にも、別途同様の内容を話しました。

　数回の訪問で、ある程度の事情を把握することができたので、学級担任に、２学期の始業式の日に、クラスの児童にＡさんについては以下のように伝えて欲しいとお願いしました。

　①病気のため長く休んでいたので、皆で勉強を教える等、仲よくしてください
　②病気のためしばらくは２時間で帰ります
　③おなかの病気のため、しばらくは給食を食べることが出来ません

　さらに、家族には、登校できた時に過度に褒めるといったことはせず、帰宅時に「おかえりなさい」と自然に迎えること、強引に登校を促すことは避け、「自分ができると思うことだけすれば良い」と毎日呪文のように繰り返し伝えること、学校の支度は前日に玄関にそろえて置いておくこと、をお願いしました。

　始業式の日、Ａさんは祖母と一緒に学校に来ました。最初は、学校のグランドのフェンスにしがみついてしまいましたが、学級担任の声掛けでクラスの友達が迎えに行くことで、登校できるようになりました。養護教諭としては、どうしても校門まで来られない時は一度家に帰ってまた出直したら登校できることがあること、はじめから学校に２時間いる必要はなく、５分だけでも良いこと、学校に通いたいという希望を叶えるためには少し勇気が必要なこと等を話しました。

出席する授業時間を少しずつ増やしていきました。はじめは１時間目のみ出席し、様子を見ながら２時間目、３時間目、と徐々に長くいられるようになりました。「体育がきらい」とのことなので、本人に都合を聞くと、10月から出席したいとのこと。本人の言うとおりに待ったところ、予定通りに10月中旬から体育の授業にも出席できるようになりました。体育の授業に出席できるようになった頃から、保健室でお弁当を食べるようになりました。その後、保健室で出された給食の中から好きなものだけを食べるようになり、そのうちに教室で給食を食べることができるようになりました。Ａさんには、週に１回位はお疲れ休みを取っても良いと話していましたが、途中まで祖母に送ってもらいながら、転校してきてから毎日休まず登校しました。Ａさんが学校に通えるようになるにつれて、母親の体調も次第に回復し、家事などもできるようになったそうです。

学級担任からは、落ち着いて登校できるようになり、大丈夫かな、と思った頃に、クラスに心ない発言をする児童がおり、Ａさんがまた学校に来たくないと思ったことがあったと聞きました。この時に、学級担任は、「いじめは絶対に許さない」という強い姿勢を貫き、Ａさんに対しては家庭訪問時にＡさんの気持ちを受け入れる姿勢を示す、登校時に友人に迎えに行ってもらう、といった方法で、Ａさんの気持ちが立ち直ることを待ちました。その結果、Ａさんは嫌なことがあると遅刻や早退をすることはありましたが、欠席することはありませんでした。学校での指導に行き詰ったときは、学校に巡回してくださる市の教育相談センターの先生からもこの方法で良いと励ましていただきました。

その後、Ａさんは、中学校、高等学校とほとんど欠席なく過ごし、専門職に就きたいと専門学校に進学しました。母親を助け、アルバイトと学業を両立をしながら生き生きと過ごしています。母親もフルタイムの仕事をしながら、落ち着いた毎日を送っており、「Ａが学校を欠席していた６カ月間は、Ａが現在のＡになるために必要なかけがえのない期間だったと思う」と話してくれました。

これは、学校長の理解の元で、学級担任と養護教諭が協力することで児童の

再登校を実現した良い例と思います。不登校は何が何でも登校させることが第一義的ではなく、そのとき、その子にいちばんあったスペースの確保を求めていくことが最もよいという思いに変わりはありません。不登校の児童生徒の多くは「学校に行きたいのに行くことができない」と言います。せっぱつまった子どもや保護者、または教員から指導や援助を依頼された時には、本当に多忙な日々ではありましたが出来る範囲でなるべく関わりたいと思っておりました。児童の学校生活の中心は教室です。学級担任と養護教諭そして専門家が相互に綿密に連絡を取り合い、協働することで、児童の望みを叶えることができることを再認識した事例でした。

D-2　足を引きずって登校したBさん

校長をしていた小学校でのお話です。ある時、足を引きずって始業ぎりぎりに校門をくぐって登校してきた2年生の児童を見かけました。着任したばかりの学校で実情が良くわからない時期だったこともあり、職員室の教職員にこの児童Bさんについて知っていることを尋ねてみました。教職員の話によれば、その児童の父親はしつけと称して時々子どもを殴ることがあり、格闘技を趣味としている厳しいお父さんとのことでした。教員の中には児童虐待を疑う者もあったようですが、家庭のことなので学校として特段の対応はしていなかったようです。

怪我の状態だけでも知りたかったので学級担任に話してから、Bさんのところに行き、「大丈夫。先生は看護師さんもしていたから上手だよ。心配はいらないよ。足を見せてね。」とお願いし、少しずつズボンの裾をめくって痛いところをみせてもらいました。Bさんは足を見せながら「お父さんは悪くない、私が悪い、私がご飯を残したから。」と言い続けていました。足には新旧様々な打ち身の痕があり、積極的に関わる必要があると判断しました。

D-3　水だけで生きるCさん

養護教諭をしていた時のお話です。

保健室で、長椅子に6年生のCさんと並んで座っておしゃべりしました。Cさんは、「先生、1週間食べなくとも水だけで生きていけるよね」と言いはじめました。「食べないで1週間は無理じゃないの」とさりげなく答えたら、「夜中にお腹が空くので、そっと起きて冷蔵庫を開けても何も入っていない」、と自宅で食事が与えられていないことを語り始めました。両親が離婚し、母親と別れて父親と暮らすことになり転校してきたそうです。「お母さんに会いたい」と言いながら、体中のタバコを押し付けられてできたやけどの跡も見せてくれました。

　これらの2つのケースは、児童虐待が強く疑われるケースでした。結果的に、どちらも保護者と連絡を取り、児童相談所と連携して子どもの状況を改善することができました。
　平成12年には「児童虐待の防止等に関する法律」が制定され、学校の教職員も子どもたちを観察し、児童虐待を見逃さずに子どもを守るように働きかけること[8]が求められるようになりました。それにも関わらず、児童虐待を疑うような事象が発覚し、学級担任、養護教諭、校長のそれぞれが児童相談所との連携を考える際、どのような方法で保護者に連絡し、どのように児童相談所等と連携したらよいかわからず、躊躇することもあるようです。この法律では、児童相談所等への通告の際に保護者同意は不要なのですが[1]、やはり学校としては保護者への連絡を一義的に考えることも多く、どのような言葉で何を誰に伝えるか、ということを実際の事案が生じる前にシュミレーションする機会がないことも確かです。それでも、迅速に対応しなければ、子どもを守れないことがあるということを全教職員の共通の理解とする必要があるでしょう。
　これらのことを前提に、学級担任や養護教諭等が被虐待の疑いのある子どもを発見したら[8]、まず、校長に報告します。校長は、校内の組織で早急に対応を協議した上で児童相談所あるいは市町村の児童福祉関係部署や都道府県の福祉事務所に口頭又は文書で相談・通告することになります。この一連の流れの中で、学校関係者は、「学校が児童生徒への虐待を把握したことを保護者が

知った直後」が児童の身の安全が最も脅かされる時であることを良く自覚しておく必要があります。学校内の合意形成を最優先して協議に時間をかけ、しばらく様子を見る、といった子どもの安全を二の次にした対応は避け、ただちに児童相談所等関係機関に相談・通告するともに、保護者に連絡可能と判断した場合は、電話等のやりとりで終わらせるのではなく、来校を依頼すべきです。児童相談所に通告したことを保護者へ伝える場合、その伝え方がわからないという声を聞きますので、以下にその例を示しておきます。

　まず、学級担任が保護者に電話をします。この時、子どもは学校で過ごしています。
　①おはようございます。
　②○○様（さん）のお宅でしょうか。○○さんのお母様（お父様）とお話したいのですが（電話で子どもの個人情報を伝えることになるので、事前に子どもの家族関係に関する情報を確認しておきます。児童の名前と、こちらが誰と話したいのか明確に伝えます。）
　③○○さんのお母様（お父様）でおられますね、○○小学校の○○さんの学級担任の○○です。今お電話でお話しさせて頂いても大丈夫でしょうか。（学級担任ではなく校長が伝えることが必要な場合は、この時点で電話を校長に代わります。保護者と日ごろから面識がある学級担任が話をすることが望ましいのですが、このような内容は伝えにくい、と感じる学級担任も少なくありません。校長は、電話で伝える内容の一語一句を紙に書き、学級担任とその伝え方について良く打ち合わせると良いでしょう。場合によっては、何度か電話口のやりとりを一緒に練習します。その上で、学級担任には、「電話中に難しいと感じたら、すぐに交代するから、まずは電話してみてください」と伝え、安心して電話できるように配慮します。）
　④突然に学校（校長）からのお電話でびっくりされたことと思います。
　⑤どうしてもお伝えしなければならないことがあり、お電話させて頂きました。お忙しいところ恐縮ですが、少しお時間を頂けないでしょうか。

⑥実は、お子さんの○○さんに打ち身のようなけがの跡があり、心配なので、どうしたの？と、いくら聞いても何もお話してくれないのです。
（これは、子どものいのちを守るためのとても重要な「言い方」です。たとえ児童生徒本人から加害者が家族であることを聞いていたとしても、絶対にそのことをこの時点で家族に伝えてはいけません。加害者側が子どもが学校に伝えたことに逆上し、その日帰宅した後に虐待をエスカレートさせる危険があるからです。）
⑦急で本当に申し訳ございませんが、学校に来ていただけないでしょうか。
⑧できたら、お父様（お母様）も一緒に来ていただけたらありがたいのですが。
⑨お家でもきっとご心配だと思います。
⑩実は、こういう時には学校も素人で分からないので、いま専門家の方に（児童相談所の方に）学校に来て頂いているのです。
⑪きっと、お役にたてると思うので、どうか校長室にいらしてください。
⑫何時頃に来られますか、お待ちしております。
⑬ありがとうございます。どうぞお気をつけていらしてください。

　この時点で、保護者と対立的なやりとりは不要で、あくまでも当事者である子どもが心配なので、そのことについて一緒に考えたい、協力して頂けてありがたい、という姿勢を貫きます。穏やかに保護者に連絡することで、児童相談所との連携が可能になります。
　校長室に来た保護者に対しては、児童相談所の職員が対応します。保護者に虐待の有無を確認し、虐待予防のための指導がなされます。個々の状況によっても指導内容は異なりますが、例えば、週に１回は両親ともに児童相談所で継続してカウンセリングを受けることが可能かどうかを確認し、協力が得られない場合は、ただちに児童を児童相談所で保護する、といった対応が取られることが多いようです。校長室での１回きりの指導では、虐待の再発を防ぐことが出来ないことは確かで、ここから先は児童相談所の専門家の領域となります。

児童が保護された場合、当該案件について学校からの連絡は不要との指示が児童相談所からあり、保護者から問い合わせがあった場合も、「学校からは連絡できない」と伝えていました。筆者が経験した学区では、その後も必要に応じて児童相談所から学校への経過報告がありました。児童相談所から「面会に来て子どもの様子を見て下さい」、「子どもと話して下さい」、「外泊させてみようと思うがどうか」といった相談があれば、学級担任と校長（又は教頭）の複数で相談に応じることになります。

D-4 給食費の滞納が続いたDさん

校長をしていた小学校でのお話しです。

3年生の学級担任から、Dさんのことで相談がありました。学級担任は、いつも暗く沈んだ表情で登校し、衣服の汚れや甘酸っぱい体臭があり、お風呂に入っていないように見えるDさんを心配していました。休まずに学校に通ってきていますが、朝食は食べていないようです。この数か月は、預金通帳の残高が少ないため教材費や給食費の引き落としが出来ず、何度か催促をしてようやく集金が完了する状態で、年度初めの保護申請希望調査の際には申し出はなかった世帯ですが、そのままにしておくことはできないと判断しました。学級担任から家庭に電話し、保護者に学校に来て頂いてお話しを聞いてみることにしました。

まず、学級担任が母親に電話で「給食費のことでお力になれることがあるかも知れません。手続きに必要な書類があるので、預金通帳と通帳用の印鑑をもって学校に相談に来ていただけないでしょうか」と伝えました。母親が来校し、校長が面談しました。

校長室で母親に様子を伺うと、この何カ月かは父親の仕事が不安定であり定期的な収入がないこと、時々の収入からは生活費の支払が精一杯であり、学校で必要なお金を払うことは難しい、家賃も滞納しており、自宅にいると家賃の集金でドアをたたかれるので、近頃は自宅から離れたところに車を停めて夜は車の中で寝ることもある、と話してくださいました。こちらからは、「それは

お困りですね、Ｄさんが元気に学校に通ってくれていてありがたいことです。お母様が倒れないようにお体に気を付けてくださいね」と母親の苦労をねぎらいながら、以下のような対処をしました。

①この家庭の生活の立て直しを支援するために、該当地区担当の民生委員に相談に乗ってもらうことにしました。母親の目の前で校長が担当の民生委員に電話し、父親の在宅時に民生委員が自宅を訪問することで合意、その日時の約束ができました。

②市教育委員会に電話で相談し許可を得た上で、準要保護の手続きを取りました。そのためには、援助費補助金を振り込むための預金通帳の１ページ目のコピー・Ａ４の「要保護及び準要保護児童生徒に係る世帯票」に住所・氏名・家族の状況・預金通帳名・印・就学援助を必要と認める理由欄にチェックをして市教育委員会担当課に提出することが必要で、この作業は校長が母親と一緒に行いました。

　　（注：要保護・準要保護の援助費補助金の概要は、国が定めた制度（昭和39年　都道府県教育委員会教育長宛　文部省初中局長・体育局長通達）で、当該市町村教育委員会が管轄する義務教育諸学校（小学校・中学校・中等学校の前期課程又は特別支援学校の小学部及び中学部をいう）の貧困家庭と思われる児童生徒について、生活保護法に規定する家庭の要保護及び生活保護は受けていないが要保護に準ずるものとしての準要保護として安心して学校に通学するために必要な経費の補助をする制度。要保護・準要保護とも、教科用図書・学用品費・修学旅行費・通学費に要する交通費・寄宿舎居住費・学校給食費・医療費及び日本スポーツ振興センターの災害共済給付掛金に係るもの等について補助の対象となる。各学校の事務職員がこれらの手続きの詳細を把握しているので、相談すると良い。）

D-5 居場所がないEさん

やはり校長をしていた時のお話しです。

5年生の学級担任から、Eさんの家庭訪問をしたい、と相談がありました。Eさんは、学校の給食が唯一の食事のように見えます。表情が乏しく、衣服や体が汚れていて体臭も強く、明らかに長いこと入浴していないようです。すぐに家庭訪問を承諾し、学級担任が母親から聞いた話として、Eさんの状況について以下のような報告を受けました。

Eさんの父親は厚生施設へ長期間入所中です。Eさんは生母とは死別しており、現在一緒に暮らしている母親と血縁はありません。この継母は2歳の乳児を実家に預けて契約社員として昼夜働いていますが、生活費にとても困窮しています。Eさんの朝食と夕食はアンパン1個。とても育てられる状況にはなく、どこかに引き取ってもらいたいと言われるものの、どうして良いかわからないらしい、とのことでした。

翌日、Eさんを呼んで、学級担任と一緒に話を聞きました。Eさんは、「家には誰もいないので、帰っても誰とも話さない。自分のお父さんもお母さんもいないこの家にはいられないと思っている。昔、お母さんのおばあちゃんと一緒に住んでいた。とてもやさしいおばあちゃん、このおばあちゃんの所に行きたい。隣の町に住んでいる。」と話しました。

この件は、以下のような経過をたどりました。

① まず、校長として児童相談所に電話で相談しました。児童相談所からは、児童相談所の管轄ではないこと、市の児童福祉の所轄部署に相談するように助言を頂きました。

② 現在のEさんの居住地の児童福祉課に電話し支援をお願いしましたが、祖母の居住地である隣市がEさんの受け入れを表明しない限り何もできない、学校で調整して欲しいとのお答えでした。

③ 隣市の児童福祉課に連絡し、これまでの経緯を説明し支援をお願いしました。Eさんが希望通りに祖母と暮らすための手続きを知りたかったのです。

市は祖母の状況を調査し、生活保護を受給している独居高齢者が孫を引き取ることはできない、との回答でした。
④再度、現在のＥさんの居住地の児童福祉課に電話し、隣市の見解を伝え、何とかならないか尋ねましたが、法令上、祖母の居住地の見解に従うことになっているとのお返事でした。
⑤再度、隣市の児童福祉課に電話しました。Ｅさんの生命と将来がかかっています。必死の口調で次のことを伝えました。「テレビで生き場のない子どもの自殺のニュースを見ました。Ｅさんとまったく同じです。Ｅさんは親の都合で現在の家の中には居場所がなく、十分に食べることもできない状況です。施設で暮らすこともできるでしょうけれど、本人はやさしいおばあちゃんの所で暮らしたいと言っています。このおばあちゃんが孫との同居を承諾されるのであれば、本人の望みを叶えることが福祉や教育の仕事ではないのでしょうか。条例や法令の決まり切った条文の他に「その他」という項目はありませんか。生活保護受給者であっても健康上の問題等、特段の困難がないのであれば、孫と一緒に暮らせるような方法を探して頂けないでしょうか。どうしても市では対応して頂けないということであれば、マスコミに協力をお願いしてみようかとまで思い詰めているのです。Ｅさんとおばあちゃんの同居を実現する方法を検討してください。」

　その翌日、隣市の児童福祉課から学校に連絡があり、条文の解釈を拡大し、Ｅさんが祖母と暮らすことを認めるとのお返事を頂きました。祖母の生活保護費に加え、孫に対する補助金が支給されることになり、当面の生活も心配なくなりました。望み通りおばあちゃんと暮らすことになったＥさんは、慈しみ深いおばあちゃんと助け合いながら生活することで、子どもらしい生き生きとした表情をとり戻し、健やかに成長しました。

　このケースが教えてくれることは、子どもと関わる大人が、子どものより良い環境を求める時に、決してあきらめてはいけない、ということだと思います。

学級担任も、校長も、福祉課の職員も、誰もが当事者である子どもの最善を考えて動くことで、救われるいのちがあることを、思い出させてくれる事例でした。

D-6　生き物を切り刻むＦさん

　新しく校長として着任したばかりの小学校での出来事でした。

　新学期が始まって半月も経たない頃に、６年生の学級担任から、Ｆさんが隠し持ったナイフで昆虫を薄く切り刻み、それを貼り付けた画用紙を教室前の廊下において、見た人がびっくりする様子を楽しそうにながめている、という話が入ってきました。教室では、日ごろから些細なことでかっとなり、友人を針で刺そうとしたことが以前にあったそうです。この話を聞いている最中に、蒼い顔をした先生が職員室に入ってきました。児童と一緒に作業をしていて、ふざけているＦさんを見かけたので、「ふざけていると危ない、気をつけて」と注意したら、Ｆさんが形相を変えて手近にあった金属片をつかんで切りつけてきた、というのです。私は校長としてすぐに対応することにしました。学級担任に保護者に学校に来るように連絡して欲しいと依頼したのですが、学級担任は、「先生がＦさんを怒らせるようなことをしたからで、教室では怒らせないように気をつけているので特に問題ではない、そこまですることはない、しばらく様子を見たい」という意見でした。けれど、校長としてはどうしても見過ごしにできない出来事だったので、「様子を見る、ということは放置する、ということにつながりませんか、このまま知らないフリをして何もなかったかのように黙って卒業させて、後にもっと大きな事件を引き起こすようなことがあったら、Ｆさんも周りも不幸になってしまいます。今ならまだ間に合うかもしれないので、大切なお子様のことで相談がある、と保護者に伝えて、校長室に来てもらってください。」と話しました。学級担任は、両親に学校に来るように連絡してくれました。

　校長室を訪れたＦさんの両親と、学級担任、関係教員と一緒にお話しました。学校での出来事を伝えると、父親が大変な剣幕で怒り出しました。父親は「Ｆ

は子どもの頃から些細なことで怒り出すところがあることは確かだが、自分も昔から同じで、かかりつけ医に相談した時も親子だから似ているだけと言われた。これまで担任の先生から注意されたこともない。本人を怒らせないようにうまく指導することが学校の役割ではないか」と主張して譲りません。そこで、校長として以下のような話をしました。

　①これまでは特に心配することはなかったのかもしれません。でも、今日の出来事はこれまでとは違うように感じます。もしも切りつけられた先生がけがをしていたら、学校としては警察に連絡することも考えなくてはならない、それくらい大変なことです。

　②Ｆさんはまだまだこれから大きくなります。身体も成長し、中学生になれば力も強くなります。万一、夜中に寝ているお父さんやお母さんをナイフで切ってみたい、バットで殴りたいと思って実行したとしたら、その時には取り返しのつかないことになります。

　③クラスの友達の中には、言葉には出さないだけで、心の中でＦさんの行為を見て怖いと感じている人もいるかもしれません。

　④もしもＦさんが我が子なら、私は母親としてこのまま何もなかったことにはできません。親は子どもより先に死ぬものです。私がいなくなった後は子どもたちだけで生きていかなければなりません。いつまでも子どもを守ることはできないのです。だから、私なら、私がいなくなっても子どもが他人を傷つけることなく、しっかりと社会の中で生きていけるように、今、親として出来ることがないかを考えます。Ｆさんの抱えている問題をきちんと専門的に調べてどうすれば良いか教えてくれる専門機関があれば、すぐに訪ねて相談すると思います。

　⑤私なら、例えば○○大学の小児精神神経科や○○大学精神神経科で子どもを診て頂き、子育ての方法等を教わるでしょう。

　言葉を尽くして説明しましたが、両親ともに「親に似ているだけで心配する必要はない」と言うばかりで、受診に対しても納得が得られませんでした。こ

の日はそれ以上の進展はないと判断し、来校のお礼を述べて、「今日はこれでお帰りください」と伝えました。

それから1週間後、来校した母親から「やはり○○大学の小児精神科に相談することにした」と聞きました。受診したところ、FさんはADHD（Attention Deficit Hyperactivity Disorder、注意欠陥多動障害）の疑いと診断され、専門的な関わりが始まりました。医師からは、「もっと早く二次性徴が始まる前に治療を開始したほうがよかったとは思うが、小学生なのでまだ間に合う。手遅れにならなくてよかった」と言われたそうです。「学校から専門機関の受診を勧めてもらって本当に良かった」と母親は目を潤ませて報告してくれました。受診後、Fさんの日常生活には少しずつ変化が見られ、ナイフを持ち歩くこともなくなり、友人とのトラブルもなくなりました。その後、学級担任による温かく適切な指導も功を奏し、Fさんは児童会行事の実行委員長を務めるなど友人からの信頼も得て、落ち着いた学校生活を過ごしました。

はじめ、ご両親は予想もしていなかった専門機関での相談（受診）を勧められ、大変戸惑った様子でしたが、「子どもの将来を第一に今できる最善を考えよう」という校長の言葉を信頼し、勇気をもって第一歩を踏み出されました。周りの大人たちが子どものためにと真剣に関わった例です。

D-7 プロレスごっこをしていたGさん

古くて立派な広い木造校舎で養護教諭をしていた時の出来事です。

養護教諭の職務の一つに出欠席と健康観察表の集計があります。校舎がとても広いため、教室の入り口に掛けてある健康観察表を回収しながら校内美化を兼ねて校内巡視をすることが日課でした。休み時間を告げるチャイムが鳴ったので、保健室へ戻ろうと急ぎ足で歩いていた時、廊下の先の隅に一瞬子どもの姿が見えました。近くに行くと、4年生のGさんが体の大きな友人に胴体を足で締められて床に転がっていました。Gさんは、いつも補聴器とメガネを使用しています。「何をしているの」と声をかけると、友人が「遊びだよ。技の練

習だよ。ねえGも喜んでいるよね。楽しいよね。」と答えました。Gさんも「うん。遊びだよ。楽しいよ。」と言いながら一緒に笑っています。2人がゆっくりと立ち上がるのを待って、「そうなの。遊びなの。でも補聴器は何万円もするから壊れたら大変だね。実は先生のメガネは魔法のメガネで心の中も見えるの。痛そうに見えたよ。ねえGさん、本当に楽しいの、先生の心の目にはGさんの目から汗がたくさん出ているのが見えるんだよ。」と伝えました。Gさんが何も言わずに泣き出したので、隣にいる友人の大きな肩を抱き寄せるようにしながら、耳元に「本当はいい子だよね。先生はあなたが本当はいい子だって知っているよ。Gさんは辛いことがいっぱいあるの。優しく守ってあげてね。頼むね。きっとだよ。」とささやきました。Gさんには「健康手帳を返すのでお昼休み保健室に取りに来てください」と伝え、ふたりを教室に帰しました。

　Gさんはお昼休み保健室に来てくれました。Gさんに「健康手帳を返すと言ったのは先生の作戦だよ。あの時どんな気もちだったのか教えて」と声をかけると、「あの時、まさか先生が来てくれると思っていなかったから、とてもうれしかった。注意してくれて良かった。息が苦しくて本当に泣きそうだった。嫌だった。いつも技の練習台にされる。」と話してくれました。こちらからは、「この後はもう技を掛けられることはないと思うけれど、もし同じことをされそうになったら、小さい声で良いから、いやだよ、と言ってみてね」と伝え、一緒に声を出して「いやだよ！」という練習をしました。

　その日の放課後、保健室の校庭に面した窓から、Gさんに技をかけていた友人がひょいと顔を出しました。突然のことでびっくりしていると、「先生、さっきはごめん。もう大丈夫だから。さようなら。」と言って帰って行きました。「そう、ありがとう。さようなら。」と返事をしましたが、ほんの数秒の短いやりとりでした。

　数日後に、Gさんがこの友人と2人で歩いているところに出会いました。どちらもニコッと笑ってくれたので、「ああ、大丈夫だなんだね」とこちらも笑顔を返しました。

　あの時、廊下の先でプロレスをしていた2人の姿を見かけて、すぐに声をか

けたことは正しい判断だったと思います。見えたのはほんの一瞬でしたが、見逃さずに済んだことを今でもありがたく思っています。

D-8　修学旅行を欠席したかったHさん

　小学校の養護教諭をしていた時のお話です。
　6年生が修学旅行に出かける前日のことでした。保健室を空ける準備をし、修学旅行に持って行くために用意した救急鞄等の最終チェックを終えて、明日は朝も早いしそろそろ帰宅しようと思っていた時です。校庭に面した保健室のガラス戸に人の気配を感じました。近づいてみるとHさんが立っています。「何か忘れ物をしたの？」と聞くと、「先生、明日の修学旅行は休みたい。教室で私はいま一人ぼっち。無視されている。なぜか分らない。だれも話しをしてくれない。旅行に行っても誰とも一緒に歩けないからそれくらいなら休みたい。このことは誰にも言っていないから、おなかが痛いことにして欠席したい。お母さんに、修学旅行は欠席したいと保健室で相談するから、と言って来た。」と言います。明日のことですから、短時間で問題を解決する必要があると思いました。そこで、「えっ！お休みするの。一緒に行こうよ。先生も一緒に修学旅行に行くよ。保健室の先生はひとりしかいないでしょ、だから先生も実はひとりなの。見学の時、先生と一緒に歩いてくれないかな。お仕事も手伝ってよ。先生と一緒に歩けない時は、同じクラスのIさんも優しくてひとりで行動することが多いみたいだから、見学などの時Hさんからさそって一緒に歩いてごらん。きっと喜ばれるよ。」と伝えました。
　翌朝まで修学旅行に参加してくれるかどうか案じていたのですが、集合時間には、無事にHさんの顔を見ることができました。学級担任にもそっと伝え、さりげなくHさんに声かけをしながら、Iさんにも声をかけて一緒に行動し、少しずつHさんとIさんが二人で歩くように働きかけ、黙って見守っていると、すぐに仲の良い2人組が成立しました。Hさんは前日の相談が嘘のようにニコニコと笑顔で楽しそうでした。この2人の友情は修学旅行から帰ってからも続き、その後も2人は仲の良い友人でした。

D-9　J先生の学級指導：いじめのない信頼しあえるクラスの作り方[11]

　新しく教頭になった年の出来事です。

　前年度に養護教諭として関わった児童の中に、Kさんがいました。Kさんは、保健室登校を経て、6年生の4月から完全に教室に登校できるようになっていました。その年にはじめて6年生の担任となったJ先生は、Kさんがまた不登校になることを心配し、クラスの子どもたちの様子を不安に思っていました。以下は、J先生から伺った学級指導の様子です。

　このクラスでは、おとなしく気の弱そうな特定の同級生が授業中に失敗すると、大勢ではやしたてたり、からかったりすることが続いていました。授業中に指名しても何人かは「別に！」と答えるだけで授業の流れにうまく乗ってきてくれません。女子はいくつかの数人の仲良しグループに分かれており、まだこちらには良くわからない何かがありそうに見えます。組替えがなかったので5年生の時の学級担任に話を聞くと、かつていじめの問題があったことがあり、様々対応を試みたけれど、難しいことも多く、効果的な指導だったかどうかわからない、ということでした。

　J先生は、同僚たちに相談しながら、まず日々の授業で、ひとりひとりを大切に、心をゆさぶるような真剣な言葉で語りかけることを心がけました。学級会の話し合いの時は、児童の心を耕すつもりで、お互いが自分の考えを伝えられるように十分な時間を確保しました。数か月後には、クラスの子どもたちの中にも、良いクラスにしたい、という雰囲気が生まれ、大きなトラブルは少なくなりました。そんなある日のことです。

　クラス対抗長縄跳びの練習をしている時です。Lさんは、日頃から長縄跳びに協力的ではなく、理由をつけてはわざと跳ばないことがあります。この時もLさんは、「縄を回すMさんの回し方が下手だから跳べない」と主張し、周りにいる子どもたちも、「隣のクラスの成績が良いのは回し手が上手なためだ」とLさんと一緒になってMさんを非難し始めました。それを見ていたJ先生は、長縄跳びの成績よりも学級指導の方が大切と考え、すぐに次の授業を学級会に

振り替えました。
　児童の机を全部後ろに下げ、椅子だけで車座になって皆の顔が良く見えるように着席させ、自分も皆の輪に入り椅子に座りました。その上で、「火をかこんで（石川道雄作）」[12]という詩を読み聞かせました。次に「運動会も近いし、長縄跳びの成績も大切だけれど、皆さんは本当にこのままのクラスで良いと思っていますか。長縄跳びの練習のことで意見がある人がたくさんいると思います。何でも話し合ってクラスを変えて行きませんか。」と声をかけました。最初にMさんが、「私は精一杯縄を回しています。悪いところがあれば直したいので、どこがいけないかを教えて欲しいと思います。」と話し出しました。5年生の時にクラスの友人たちから孤立し、数日欠席した経験のあるNさんが、「縄跳びは嫌いだったけれど、一生懸命跳んでいたら跳べるようになってきました。縄跳びの成績よりもチームワークを良くすることに頑張りたい」と発言しました。スタイルも良くスポーツ万能のOさんが「以前はすごく肥っていて、運動は駄目だとあきらめていたけれど、努力していたらできるようになりました」と涙ながらに告白しました。Pさんは「転校前の学校では、私だけ縄跳びができませんでした。でも跳べるようになりました。跳べるようになったのは、そのクラスの皆がやさしくしてくれたからです。」と泣きながら話しました。クラスのリーダー格のQさんが「Lさん、頑張れるよ。わたしも幼稚園の時、二重跳びが出来なく悔しくて、とにかく練習していたらできるようになったよ。大丈夫だよ。」と言いました。友人たちのいつもとは違う真剣な話に、Mさんを非難したLさんは、まじめな表情で聞き入っているようでした。
　そんな時に、日頃はおとなしいRさんが「長縄跳びの練習以外のことも話したいと思います。去年から、このクラスにはある特定の人をからかったり、笑ったり、嫌がらせをしている人たちがいます。それを見て、わたしはとても不愉快で、おかしいと思っていました。皆はどんなふうに思っているのかを聞かせてください。」と発言しました。Sさんも「5年生の時に仲間はずれにされてとてもつらい、いやな思いをしました。保健室で話を聞いてもらって助けてもらいました。友だちと、お互いに本当に信頼し合えるクラスにしたいと思

います。」と言いました。この間、J先生は黙って彼らの発言を聞き、最後に「人の嫌がることをする人を先生は絶対に許しません。いやだ！とはっきり自分の気持ちを言えることができるクラスにしましょう」と伝えたそうです。
　この後、このクラスは、いじめのない穏やかなクラスになりました。学級担任が真剣にクラスの子どもと関わり言葉を尽くすことで、何かが変わる、その良い例と思いました。

資料　　火を囲んで[12]

　　　　　　　　　　　　　　　石川道雄

火を囲んで話をしよう
思っていることはなんでも話そう
考えることはいい　沈黙もいい
しかし話すことはいちだんといい
話すことは行動の第一歩だ

火を囲んで話をしよう
火花のようにはじけとぶことばで
鋼鉄のように強いことばで
宝石のように緻密なことばで
音楽のようになつかしいことばで

火を囲んで話をしよう
大いに喝采のことばを贈ろう
はげましのことばを贈ろう
なぐさめのことばを贈ろう
あるときは肺ふをえぐることばをも贈ろう

火を囲んで話をしよう

話をする　親しいものたちが話をする
これほど楽しいことがまたとあろうか
燃える火があとからあとからと燃えあがるように
友よ　血をたぎらせて話をしよう

D-10　授業中、机に伏せて眠ってしまったSさん

　養護教諭をしていた頃のお話です。

　保健室の隣には1年1組の教室がありました。このクラスの学級担任の先生が来室され、「授業中眠ってしまった子がいるので、保健室で休ませてもらえますか」と言われたので、すぐに教室に行きました。Sさんは、一番前の席で机にうつぶせになりぐっすりと眠っているように見えます。名前を呼んで起こそうとしても起きません。「きっと疲れているのね」と言いながら、他の児童には気づかれないようにそっとSさんを抱いて保健室に移動し、ベッドに寝かせました。体温・脈拍・呼吸・血圧・顔色・皮膚の状態などバイタルサイン（生命徴候情報）を観察し、異常がなかったので側について様子をみました。この時は、ベッドに休んで3分ほどで目を開けてくれましたが、「起こしても起きない」時は、意識障害の疑いがあると言われています。保健調査票を見ても既応症の記載はありませんでしたが、学級担任の先生に、保護者に学校に来て頂きたい旨を電話で伝えるように依頼しました。その上で、眠っているように見えるSさんの状態について正確に保護者が医師に伝えられるように記録用紙をまとめ、来校された保護者には、この記録用紙を持って脳波検査の出来る病院をすぐに受診することを勧めました。

D-11　修学旅行のバスの中で眠ってしまったTさん

　これも養護教諭をしていた時のお話です。

　修学旅行で日光に行きました。旅程の2日目、バスが見事な紅葉の中、日光いろは坂を下っていた時のことでした。大型の観光バスでしたが、きつい傾斜

と急カーブでバスの中も大揺れです。その時、突然後ろの座席から、「眠っているTさんが、席から落ちるよ」との声が聞こえました。大急ぎで後ろの席へ行くと、確かにTさんはぐっすりと眠っているように見えました。隣の座席の子どもに席を譲ってもらって、少し座席の背もたれを倒してTさんの身体を支えながら、前述のケースと同様にバイタルサインを観察し、異常がなかったので傍らで様子を見つつ、学級担任の先生に話を聞きました。前日の夜は、旅館でほとんどの児童が遅くまで起きており、ほぼ徹夜状態の児童も多いとのことでした。Tさんは、起こしても起きない状態が続き、目を覚ますまでの約4分間がとても長く感じたことを良く覚えています。ぼんやりと目を開けてくれた時にはほっとしました。約6時間後のこの日の夕方には学校に帰着することになっていましたので、保護者に学校まで迎えに来て頂くように連絡しました。迎えに来た保護者には学級担任とともに対応し、この時も、保護者には意識のない時の状態を詳しくまとめた用紙を渡し、単なる寝不足かもしれないが、この記録用紙を持って脳波検査のできる病院ですぐに受診するようにお願いしました。

　どちらの子どもも、これまでにこのようなことはなく、保護者にとっても初めてのことで、とてもびっくりされていました。いずれのケースも子どもはすみやかに専門医を受診、脳波検査を受けることができました。受診の結果、これらは大発作を伴わないてんかんのけいれん発作であったことがわかりました。専門医の指導で投薬治療と生活指導が開始され、その後は発作も無く、生き生きとした学校生活を送ることができました。単なる「居眠り」に見えても、その背景に大きな原因が隠れていることがあります。とくに「起こしても起きない」場合は意識障害の可能性があることを忘れずに、適切に対処することが必要であることを再認識した事例でした。

D-12　怖い人に出会ったUさん[1]

　養護教諭をしていた頃のお話です。

初夏のことでした。6年生のUさんの母親が青ざめた顔で保健室を訪ねてきました。とても心配なことがある様子なのですが、肩を震わせ、すぐには話もできないようでした。温かいお茶を入れ、一緒に飲みながら雑談をするうちに、少しずつ話してくれました。Uさんが保健室の先生になら話して良いと言うので、相談に来られたそうです。Uさんの家は、学校から畑の中を30分ほど歩いたところにあります。その日、Uさんはクラスの用事で下校がいつもより少し遅くなりました。途中で友だちと別れ一人で自宅に帰る途中に、乱暴されたらしいと言うのです。母親は、このことは絶対に他人に知られては困るが、どうして良いかわからず、途方に暮れて、何はともあれ保健室を訪ねることにしたそうです。

　母親には、まず、相談に来てくれたお礼と、養護教諭を始めとする教職員には守秘義務があり、このことが第3者に知られることはないので安心して欲しいと伝えました。その上で、「このまま何もしないでいると、Uさんがまた同じ被害に遭うかもしれないし、別の子どもが被害に遭うかもしれない。お母さんと同じくらい、何よりもUさんを守りたいが、自分ひとりでは守りきれない。校長先生と学級担任の先生は、とても信頼できる先生たちなので、この先生たちだけにはこのことを伝え、一緒にUさんを守るためにどうしたら良いかを考えたい。お父さんやUさんとも相談して、みんなが納得するような方向に話を進めるので、まかせてもらえないか。」とお願いしました。母親は納得した上で、家に戻ってUさんを連れてきてくれたので、詳しい話を聞くことができました。父親とも連絡が取れ、すぐに学校に来てくれました。犯人が捕まるまで、みんなで必ずUさんを護ることを誓いました。

　校長と相談し、Uさんと両親の了解の元に以下の対策を講じました。

事件当日

①早急に医療機関（男子は泌尿器科・女子は婦人科）を受診し、治療と必要な検査を受けることが大切であることを説明しました。

②当初、母親は被害届の提出を躊躇していました。そこで、同性の警察官が

対応するように依頼できること、聞き取りは学校で実施され、校長や養護教諭も同席できること、警察から犯罪被害者支援センターに連絡して相談できること、などを伝えました。その結果、Uさんと両親は被害届を提出することになりました。

③被害の再発防止のために、個人情報が特定できないように十分に配慮し、事前にUさんの両親に文面の確認を依頼した上で、すべての教職員と児童の保護者宛に「学区及び近隣で、下校時刻に変質者が出ました」という内容の家庭通知を発行しました。

④Uさんの両親から登校下校時の送り迎えの申し出があり、全校児童の保護者に、しばらくは各家庭の判断で登下校の送り迎えをするように依頼しました。

⑤このようなケースでは、児童自身が自責の念を持ちやすいことに配慮し、ふだんと同様に接し、教員からは事件に触れないようにするとともに、Uさん自身の話は傾聴することを、養護教諭と学級担任で申し合わせました。両親の心情に留意しながら、細やかに家庭と学校が情報を共有しUさんの状態を把握するとともに、養護教諭は母親も支援することを確認しました。

事件翌日

①校長名で、全ての保護者に変質者出没の家庭通知を発行し、事件の再発防止のために警察にパトロールの強化と地域住民に対する注意喚起を依頼しました。近隣の学校にも電話で知らせました。

②各学級担任が児童に人通りの少ない道を一人で帰らないように指示し、管理職(校長・教頭)は下校時の見守りのために下校路の要所に教員を配置しました。

③保護者が被害届の提出に同意したことを学校から警察に伝え、警察の担当者が来校しました。Uさんと両親、校長、養護教諭が同席し、事件を正式に通報、被害届を提出しました。

④Uさんの母親の気持ちに寄り添いながら、Uさんとの関わり方を説明しま

した。心の傷が癒えるには時間がかかること、少し後になってから様々な症状が現れることもあること、両親はいつでもしさんの味方であることを伝え、家ではできるだけ一緒に過ごし、幼児返りが見られたらそのまま甘えさせて欲しいこと、眠れない、夜中にうなされる、暗いところを怖がる、大人を怖がる、といったこれまでと異なることが見られたら、どんな些細なことでも遠慮なく学校に連絡して欲しいこと、を伝えました。
⑤母親から、前日に病院を受診し、カウンセラーとも面談し、必要に応じていつでも支援が受けられることを確認した、との報告がありました。また、下校時に生じた事件であることから、両親の希望もあり、自治体から医療費の補助を受ける手続きの必要のため教育委員会にも報告することになりました。

事件発生から1週間

①登下校時の安全を見守る「見守り隊」を自治会の役員さんが中心となって組織し、危ないことがあった時に助けを求めることができる「かけこみポイント」が設置されました。
②事件発生のリスクが高い通学路のポイントを示した「危険マップ」を作成し、危険個所には注意喚起の立て看板やのぼり旗を設置しました。

事件発生から2週間目以降

①自治会長を通して、自治体に学区内の暗く人通りのない通学路への街灯の増設、必要な場所への監視カメラの設置、防犯ブザーの配布を要請しました。ほぼ全てが速やかに改善されました。
②全校一斉の防犯訓練時に、担当教諭が「知らない人に近づかないこと」「暴力を振るわれる、誘拐されそうになる、など危ないことが起きた時には、すぐに大声を出すこと、逃げること」等を指導し、全員で大声を出す練習をしました。

Uさんは、その後も何度も保健室に来てくれました。他に児童がいない時に何気なく様子を確認するなど、日頃の様子に気を配るうちに、幸いにPTSD（Post-Traumatic Stress Disorder、心的外傷後ストレス障害）を発症することもなく、日を追うごとに落ち着きを取り戻し、やがて他の児童と同様に学校生活を送れるようになりました。この事件の半年後に、隣市で同様の事件が発生し、同一人物の犯行であることが特定され、加害者は逮捕されました。警察からは、Uさんとその家族が勇気を出して被害届を提出したことが加害者の逮捕に結びついたと、学校と家族に連絡がありました。
　このようなケースでは、特に細やかな配慮が要求されます。学校と家庭、地域が協力し、子どもを守ることが大切と思いました。

　改めて過去に経験したケースをまとめてみて、鮮やかに当時のことが思い出され、なつかしさを感じるとともに、この社会の複雑さを改めて実感しています。学校関係者だけでなく、大人たちは、すべての子どもたちがひとりの人間としての尊厳が守られる社会の実現を目指す必要があると思います。
　校長としての学校との関わりを振り返ってみて、個々のクラスの詳しい状況を把握することはとても難しかったことも再認識しました。同学年の教員間でも、各クラスの状況について十分に把握できないこともあると聞いています。そのため、ある日突然、保護者の方が学校に怒鳴り込んできて、初めてクラスの状況がわかったこともありました。保護者が申し出てくれなければ、わからないことも確かにあるのです。学校が子どもの状況をしっかりと捉えるためにも、声をかけてくれたことに感謝し謙虚に耳を傾けることによって見えてくるものがあることもまた確かです。

第 3 章
アンケート調査から

実際の子どもたちや先生の様子を実証的に示したくて、アンケート調査を行いました。小学校6年生を対象とした調査の結果は学術論文[13]として、さらに小学6年生から中学3年生を対象としたインターネット調査の結果も含めて、門田の博士論文[14]としてすでに公表しましたが、協力してくれたこどもの様子が良くわかりますので、ここでも簡単にその内容の一部をご紹介したいと思います。結果については統計処理を経てわかったことをわかりやすくお伝えすることを優先し、あえて統計値は除いてあります。詳しい数値や統計手法を知りたい方は、もとの論文[13][14]をご参照ください。

A. 小中学生を対象としたアンケート調査から

まず、学校環境が比較的類似しているA県A市[15]とB県B市[16]の計4校の公立小学校の6年生に協力をお願いし、生活の様子と登校意欲に関するアンケート調査を行いました。この結果の分析から、子どもの生活の様子を知ることで、登校に対する意欲のような心の中を推察できる可能性が広がりました。本来なら、様々な学年の子どもたちを対象に同じような調査をしてみたいのです。でも、個人の研究にはやはり限界があります。そこで、調査受託会社に委託してインターネットを介したアンケート調査を行いました。小学4年生から中学3年生の児童生徒と同居しているその保護者にご協力頂き、児童生徒の生活の様子と「学習に対する負担感」「疲労感」「心身不調に対する自覚症状」を尋ねました。

調査結果の分析から、小中学生の健康に関わるとされる基本的な生活習慣の実態をある程度知ることができました。どちらの調査においても、8割以上が、生活の様子を問う9項目のうち4項目（「朝食を毎日食べる」「学校は楽しい」「授業は分かる」「クラスの友人関係は良い」）において「該当する」と回答しました。日本学校保健会[17]は、「朝食を食べることは、体温の上昇促進と安定や、体と脳の活動に必要とされるエネルギー源としてとても大切である」と指摘しています。本調査対象となった子どもたちの8割が朝食を毎日きちんと摂

取し、楽しい学校生活を送っていることは、学校と家庭の適切な指導の現れと思いますが、残り2割の子どもたちが気がかりです。

　中学生はすべての学年において小学生より「23時以前に就寝する」と「8時間以上睡眠をとる」を選択した人数の割合が低く、学年が進むに従って就寝時刻が遅くなり、睡眠時間が減少していることもわかりました。「就寝時刻が遅い子どもほど、夜食を食べることが多く、朝食をとる子どもの割合が低く、夜更かしと夜食が翌日の朝食に影響を与えている」との文部科学省の調査報告[18]もあり、この結果は本調査対象者に限った傾向ではないようです。子どもの就寝時刻と起床時刻が遅くなり、睡眠時間が減少する傾向は、昭和40年代頃から始まったといわれています[17]。昭和30年代の子どもは殆どが夜10時には就寝していました[17]。テレビの普及に伴い夜の娯楽が増加し、その後もビデオ、テレビゲーム、携帯電話、インターネット、コンビニやパソコンが普及し、これらの社会環境の変化とこの子どもの睡眠時間の減少傾向は無縁ではないと考えます[19]。社会の変化は子どもたちの生活リズムを変えたのです。しかも、睡眠不足は、「疲労が取れない」「胃腸障害が起きやすい」「物事に集中できない」「気分不快になる」などの弊害があると言われており[17]、特に「思春期の睡眠不足は学業能率の低下を招く」との指摘もあります[20]。眠りと目覚めは体内時計とホメオスターシス[注]で制御されており、三度の食事や仕事や勉強などの活動や社会刺激でうまく回るようにセットされているのです。睡眠の重要性について家庭や学校でしっかりと指導する必要があるでしょう。

　このような生活習慣は、登校意欲と関連していました。小学6年生を対象とした調査から、登校意欲が低い群に属する児童は、生活の様子を示す7項目（「平日は22時台迄に寝る」、「平日は8時間以上寝る」、「朝食を毎日食べる」、「大体好き嫌いなく食べる」、「家族からよく褒められる」、「学校は楽しい」、「クラスの友人関係は良い」）のいずれに対しても否定的な回答を選択していたことが明らかになりました。中村らの調査[21]でも、不登校傾向の児童は「朝

注）外界の環境が変化しても体内の環境を一定に保つ生体の恒常性のこと

食を食べない日がある」、「夕食をひとりで食べる」ことが多いと報告されており、日頃の児童の基本的な生活習慣が登校意欲や不登校傾向に関連があることは確かなことと思われます。従って、これらの視点から児童生徒を良く観察し、学校や家庭での指導に生かすことが重要です。例えば、「朝食を摂っているか」、「夜眠れているか」、「頑張った時おうちの人は褒めてくれるか」、「友だちとの関係はどうか」、「クラスでは楽しく過ごせているか」等の声かけを積極的に行い、話を聴くことで当該児童の学校側への信頼感が深まり、「困っていること」が明確になれば、児童生徒の学校生活にさらなる支援になると考えます。このような生活習慣が登校意欲と関連することを現場の先生方は経験的に良くご存知と思いますが、今回、それが実証的に示されたことで、十分な睡眠、毎日の朝食摂取、学校が楽しい、といった良好な生活を送ることができていない子どもたちの存在も客観的に示されたことになります。

　これらの子どもは、一日の大半を学校で過ごしています。学校生活が楽しいと思えるために必要なことは、まだたくさんありました。

　小学6年生を対象とした調査では回答者の約9割、インターネット調査では小学4年生の約9割以上、中学生の8割が「授業がわかる」と回答しました。小学生はすべての学年において中学生より「授業が分かる」を選択した人数の割合が高く、文部科学省の調査報告[22]と同様に、小学生に比べ中学生は授業の理解度が下がっていました。中学生になると、教科数が増える、教科内容が難解になる、テレビやゲームの誘惑が増え、家庭学習の量が少ないため、学年が上になるにつれ、授業の理解が困難な児童生徒が増加する傾向にあることはこれまでにも指摘されています[22]。例えば、2015年の文部科学省学習指導要領によれば、算数[23]では、小学校2年生で加法の他に掛け算を、3年生で割り算を学び、国語[24]では、小学3年生までに440の漢字を習得することとされています。これらの習得に困難があれば、学年が上がるに連れて授業の理解はいっそう困難になり、高校受験のために小学校低学年の学習内容から学び直さなくてはならないこともあります。実際に、長く不登校だった児童が、保健室で勉強の遅れを取り戻す過程で、勉強が分かる喜びを実感し、このことが自信

につながり、教室への再登校を果たした保健室登校支援モデルの事例報告[10]や、小さい頃から病気がちで、勉強に対する苦手意識から学業が振わず、同級生からのいじめを受けて苦しむ中学生が、周囲からの支えを受けながら小学校低学年の勉強から学び直し、やがて学ぶことの楽しさを自覚し自分の進路を発見し夢を叶えたという事例報告[25][26]があります。これらの事例からも、児童生徒にとって学校の授業内容が理解できるということが大きな意味を持っていることがわかります。「授業がわかる」ことは、児童生徒の学校生活の楽しさや自らに対する自信を育む要因の一つであると思います。

　インターネット調査から、小中学生ともに「授業が分からない」と回答した児童生徒の「学習に対する負担感」が「授業が分かる」と回答した児童生徒より高いことがわかりました。小中学生ともに学校の授業がわからないことが「学習に対する負担感」につながると思われます。

　面白いことに、この「学習に対する負担感」と生活の様子に関連が見られました。「朝食を時々食べる」小学生は、「朝食を毎日食べる」小学生より「学習に対する負担感」が強くなっていました。低学年であるほど、その就寝時間や食事は、家庭にその管理が委ねられていることから、家庭生活に何らかの支障が生じ、規則正しい生活ができなくなることが「学習に対する負担感」の増加と関連し、結果的に不登校につながることも推測されました。「疲労感」もまた生活の様子と関連が見られました。本調査では、小学生は「23時以降に就寝する」「8時間以内の睡眠」「朝食は時々食べる」「運動は週1日以下」「学校は楽しくない」「授業が分からない」「友人関係は良くない」の7項目、中学生は「学校は楽しくない」「授業が分からない」「友人関係は良くない」の3項目を選択した児童生徒の「疲労感」が、選択しなかった児童生徒より強くなっていました。「疲労感」は、「授業が分かるかどうか」といった学習に直接関連する事柄だけでなく、規則正しい生活や友人関係とより密接に関連していると言えます。

　「心身不調に対する自覚症状」も生活の様子と関連していました。小学生は「23時以降に就寝する」「朝食は時々食べる」「学校は楽しくない」「授業が分か

らない」「友人関係は良くない」、中学生は「7時以降に起床する」「朝食は時々食べる」「学校は楽しくない」「授業が分からない」を選択した児童生徒は選択しなかった児童生徒より「心身不調に対する自覚症状」をより強く感じていました。家庭生活との関連では、就寝時刻が遅いほど朝食を摂取する児童の人数の割合が低いことが報告されています[17) 18) 19)]。成長期の児童生徒にとって、夜食の食べすぎを控え、早めに就寝し、朝すっきり目覚め、きちんと朝食を毎日摂取することは、将来の肥満や脂質異常症などの生活習慣病の予防につながると言われます[17)]。毎日朝食を食べて噛むことで脳に刺激を与え排便の習慣にもつながります[17)]。規則正しい生活習慣が睡眠のリズムを整え、朝食というエネルギーの補給のためには欠かせないということを、児童生徒および保護者に、小学校入学直後から折に触れて周知する必要があるでしょう。これらの「心身不調に対する自覚症状」の中にはその原因となる疾患が隠れていることもあります[21) 27)]。教員は児童生徒の生体リズムの異常や自律神経系の異常、脳疾患等の疑いの存在も視野に入れた心身の健康観察を行い、保護者と連携し適切に対応をすることの必要性が再確認できたと思います。

　また、「学習に対する負担感」「疲労感」「心身不調に対する自覚症状」は、小学生より中学生に強いこともわかりました。中学生になると各教科の学習内容が難しくなることに加え、小学生にはない定期中間テストや期末テストがあり、その得点を利用して、同学年に所属する生徒全体の中の各生徒の順位が算出されます。この評価は内申書の必要な進学等卒業後の進路へと直接影響することも多いのです。一般的に、中学校の成績は、定期テストのほかに、日常の平常点として授業態度・提出物・部活・出席日などで行うことも多く、進路選択には特別の場合以外はやはり成績が優先されます。従って、試験で良い成績を取りかつ教員から見て「良い子」でいなければならないと思う生徒も多く、これらが中学生の「学習に対する負担感」の強さにつながるのかもしれません。「疲労感」も小学生に比べ中学生は強く感じており、学年が上がる毎に強くなっていました。先行研究[27)]においても、学年が上がる毎に疲労得点が高くなっているという報告があり、先行研究を追試する結果でした。渡辺、福田[28)]

らは、日本の子どもは米国・英国・オランダ、の3ヵ国の子どもに比べて「疲れている」と回答する人数の割合が高いと報告し、疲労得点の高い子どもが2年後に「時々学校に行かない」と答える確率は疲労得点が標準の子どもたちに比べて高いと指摘しています。中学生は小学生に比べて多様な心身不調も自覚しており、一層の配慮が必要でしょう。子どもが過度に疲労することなく心身不調を回避できる生活環境を整えることは、一義的に大人の責任と思います。

B. 小学校教員を対象としたアンケート調査から

これまで、子どもの側を対象とした調査について述べてきました。子どもの生活習慣が心身の状態だけでなく、学校生活と密接に関わっていることがわかりました。このことから、学校生活で子どもと関わる教員の役割の重要性が再認識できたことは、とても大切なことと考えます。でも、先生には先生の都合があることもまた確かで、先生側の状況についても知りたいと思いました。そこで、小学校の現場で子どもたちを教えている先生たちの悩みや経験を尋ねるアンケート調査への協力をお願いしました。先生方の学校における仕事の内容は実に多岐に亘りますが、ここでは特に、先生方が対応を苦慮されることが多い学校に来ない・来られない子どもたち（不登校児童）に対する対応についてもお聞きしました。学校に来ない・来られない子どもたちは、実は最も支援を必要としている子どもたちの可能性が高く、本来はこの子たちの「困り感」に寄り添うことは、子どもの健全育成に欠かせないと考えます。でも、現実はなかなか思うようにはいきません。先生方を対象としたアンケート調査結果（表1）から、その理由の一端がわかるかもしれないと思いました。

その結果、6割の教員に一人あたり2.7人の不登校児童対応の経験があることがわかりました。不登校児童の対応は、教職経験年数が長くても対応に苦慮することも多いのですが、新採用から5年未満の年代でも33％の教員は不登校児童に対応した経験がありました。教員は他の一般的な職種とは違い、現状では「見習い」のような期間がありません。大学を卒業して新採用教員として

表1 教員経験年数と不登校児童対応経験

教員経験年数	調査対象者全体[1]	不登校対応経験者数[2]	対応不登校児童数[3]	
5年以下	18人 (30%)	6人 (33%)	9人	(1.5人)[3]
6-10年	8 (13%)	4 (50%)	10	(2.5人)
11年-20年	8 (13%)	6 (75%)	23	(3.8人)
21年以上	26 (43%)	22 (85%)	62	(2.8人)
合計	60 (100%)	38 (63.3%)	104	(2.7人)

1) 各教員経験年数別の該当人数を示し、( ) にそれぞれの調査対象者数全体に対する割合を示した。
2) 各教員経験年数別の不登校対応経験者数を示し、( ) に教員経験年数別人数に対する割合を示した。
3) 各教員経験年数別の対応不登校児童数の合計を示し、( ) に不登校対応経験者数ひとりあたりの対応不登校児童数の平均値を示した。

学校に勤務したその日から、まだ十分な指導スキルを身につけないうちに、学級担任として不登校児童を含む児童生徒の指導に当たることがほとんどです[29]。子どもを指導しながら教師としての指導力を身につけ学び成長していくことを要求される[29]わけですが、学級担任としてそれなりの経験と知識や技術を身に着けている経験豊富な教員と同様な対応が直ちにできるようになるわけではありません。経験の浅い教員に対しては、管理職や同僚が気を配るだけでなく、十分な研修を実施する必要があるわけです。しかも、「授業の教材研究ができない」と回答した教員の32%が経験年数5年以下の教員でした。十分な教材研究の場が必要な年代です。国立教育政策研究所[30]は、教材研究が不十分であれば、児童に「分かる授業・楽しい授業・対話のある授業」をすることができず、自分自身にもやり遂げたという充実感が感じられない結果となると指摘しています。授業の中での教師の行う個々の児童支援の役割は大きく、学習の効果はもちろんであるが、学級経営のもととなる教師と児童の人間関係、児童相互の人間関係、児童を通して保護者との信頼関係を育てる上からも重要なのです。各教員、特に経験年数が少ない教員が勤務時間内に教材研究の時間を確保できるような工夫が必要であると考えます。

さらに、不登校に限らず特別な配慮が必要な児童を受け持った時、現状では

第3章 ●アンケート調査から

表2　教員として「改善したい」と思うこと

内容	回答人数	(%)[1]
教材研究ができない	22	37[2]
自分の健康問題	18	30
校務分掌が多い	9	15
自分の家族の問題	9	15
学級経営が上手くいかない	8	13
将来の不安	7	12
仕事上の人間関係が上手くいかない	6	10
不登校の子どもの指導	2	3
その他	5	8

（複数回答）

1）各項目ごと回答人数に対する解析対象人数（60人）の割合を示す。
2）37％の内訳は、5年以下の教員32％、6-10年が23％、11-20年が14％、21年以上が31％であった。

その対応を学級担任一人が任せられる場合もあります。しかし、新人教員に限らず、一人の力では問題の解決が困難な場合が多いと言われています[30]。当該児童の状況の改善のためには、速やかに校長のリーダーシップのもと校内に組織的な指導体制を作ることが必要と考えます。その上で、校長が外部関係者の支援が必要と判断した場合は、スクールカウンセラーや校医や心理カウンセラー等専門家との連携体制を整え、専門家の助言のもとに適切に対応することが早期解決につながるでしょう。このような組織的な対応が、結果的に当該児童担当教員の過度のストレスの軽減にも有効と思います。

　実際に、本調査にご協力頂いた先生方も様々な悩みや辛さを抱え、ストレスを感じながら過ごしておられました（表2）。「仕事上の悩み、辛さ、改善したいと思うことについて（複数回答可）」尋ねたところ、回答人数が多い順に、「授業の教材研究ができない」「自分の健康問題」「校務分掌が多い」「自分の家族の問題がある」「学級経営がうまくいかない」「将来の不安」「仕事上の人間関係がうまくいかない」「不登校の子どもの指導」でした。「その他」の項目には詳細な記入が見られました。能力の低い子への支援、能力の低い子とクラスの子とのトラブル、仕事が多い、勤務時間が長い、保護者の対応が大変、やる

表3　対応児童の不登校のきっかけ

きっかけ	n＝38(人)	(%)
友人関係悪化	20	53
勉学の困難	15	39
親子関係の困難	14	37
家庭環境の変化	12	32
家庭内不和	12	32
発達障害[1]	9	24
新学級への不適応	4	11
教師との関係	4	11
病気	3	8
その他[2]	2	5

（複数回答）

1) アスペルガー症候群と自閉症、その「疑い」を含む。
2) 母子分離不安等

ことが増加の一途、仕事が終わらない、自分自身の能力の低さ、もっと向上したい、様々な問題や課題を抱える児童と価値観が多様な保護者への対応、教員の仕事の多様さ、問題行動を起こす児童への指導（個別指導）、といった様々な悩みに加え、「今の教員の環境を国が本気で考えなければ日本の教育の将来には希望が持てない」、「まず改善したいことは教員の数を増やすこと」のようなご意見も頂きました。「不登校児童への対応」は先生方の数多くの悩みの中のひとつに過ぎないことも確かなのだと思います。文部科学省の調査（2013）では、全国教職員の1年以上の病気休職者（8,408人）の内60%が精神疾患であり、その割合は最近10年間で約2倍に急増しています。休職の他に30日以上の病気休暇者の精神疾患も含めると数万人となり、教員のメンタルヘルスの悪化を指摘しています。ある都市の教育委員会では専任の弁護士を採用し、管理職、一般教員や養護教諭等が関連した問題をいつでも気軽に相談できると大変好評です。このような取組が日本中で実現することを期待しています。教員ひとりひとりが心身の健康を維持しつつ業務に取り組むことが肝要であり、教員に対するきめ細かなカウンセリング等のサポート体制の充実が強く望まれると

ころです。

　この調査からは、様々な悩みを抱える中で、それでも先生方は、不登校の児童の現状の把握と対応に努めておられることもわかりました（表3）。不登校児童に対応経験のある教員の半数が、不登校のきっかけとして「友人関係の悪化」を第1位に挙げています。人と人が生活していく中で「友だちづくり」は児童生徒の大切な学習課題で、「友だちづくり」を通して対人関係を学び、将来社会人として生きていく自分のよりどころとなる心理的成長を果たします[30]。このような人間関係のスキルを学ぶ場は、本来は学校だけに限られるものではなく、家庭や地域活動の場で様々な年代の人々と接する中で育まれるものです[31]が、その機会の減少が指摘されて久しいと言えます[31]。従って、小学校教育は教科の知識の獲得と同等かそれ以上に人間関係の学習の場として機能することが重要と考えます。そのためには、学校側が意図的に系統的な体験学習の場を設定し、児童が「ソーシャルスキル（友だちづくりなどコミュニケーションスキルを含む）」を学ぶ機会を提供する必要があるでしょう。このことが、友人との良好な関係につながり、「友人関係の悪化」による不登校の減少につながるかもしれません。さらに「勉学の困難」「新学級への不適応」「教師との関係」も「不登校のきっかけ」に挙げられていました。児童は一日の大半を学校で過ごします。日頃から児童の様子を良く観察し、これらの不登校につながる可能性がある信号を早めに発見し、すみやかにその子どもにあった適切な対応をすることが必要と考えます。その一方、学校生活ではなく、それぞれの児童の家庭の問題を不登校のきっかけとして認識している教員がいることもわかりました。「親子関係の困難」「家庭環境の変化」「家庭内不和」は、家族の問題であり、教員が立ち入れない部分も大きいとされます[1]。しかし、言語発達が未熟な児童であれば、家庭内の問題を言葉で他者に説明することそのものが困難な場合もあり、自分の力で解決すること自体が困難な重篤な案件も含まれる場合もあります[8]。教員が児童のささいな発言や行動の変化に敏感に反応し、家庭内の事柄であったとしても、児童のより良い成長に寄与できるような積極的支援をすることが望ましく、第2章の観察のポイントや行動観察の

表4 担当不登校児童の行動傾向に対する教員の認識

	よくあった[1]		少しあった[1]		なかった[1]		分からない[1]		無回答[1]	
	人[2]	%[2]	人[2]	%[2]	人[2]	%[2]	人[2]	%[2]	人[2]	%[2]
他人の目が気になる	19	50	14	37	4	11	1	3	0	0
やる気が起きない	17	45	8	21	7	18	5	13	1	3
生活時間の乱れ	12	32	12	32	4	11	9	24	1	3
体調がすぐれない	10	26	15	39	10	26	2	5	1	3
孤独や寂しく思う	9	24	11	29	6	16	12	32	0	0
集中力の低下	9	24	13	34	10	26	5	13	1	3
いらいらしていた	7	18	11	29	12	32	7	18	1	3
悔やみ情けなく思う	6	16	8	21	11	29	12	32	1	3
時間をもて余した	6	16	15	39	5	13	11	29	1	3
塾等外で勉強をする	5	13	5	13	23	61	3	8	2	5
家族との会話	5	13	20	53	2	5	10	26	1	3
趣味を楽しむ	5	13	11	29	9	24	13	34	0	0
物に当たった	4	11	8	21	17	45	8	21	1	3
口論や喧嘩をした	4	11	9	24	17	45	7	18	1	3
焦りや不安を感じる	4	11	18	47	8	21	8	21	0	0
自宅で勉強をする	4	11	15	39	13	34	5	13	1	3
家から外出した	3	8	10	26	20	53	4	11	1	3
学校の友人とつきあう	2	5	23	61	12	32	1	3	0	0
学校外の友人とつきあう	1	3	6	16	21	55	9	24	1	3
夜遊びをする	1	3	2	5	27	71	6	16	2	5

1) 不登校に対応経験のある教員が観察した、当時の不登校児童の行動傾向で「よくあった」「少しあった」「なかった」「分らない」「無回答」の頻度別回答結果を示す。
2) 不登校対応経験のある教員の頻度別回答人数とその不登校対応経験教員数（38人）に対する割合を示す。

チェックシートはその一助となると思います。また、「不登校のきっかけ」として個人の特性である「発達障がい」を挙げた教員もおりました。これには、学習障がい、注意欠陥／多動性障がい、アスペルガー症候群等が含まれると推察されますが、発達障がい児はその特性から他者との関係性を築くことに困難を抱えている場合が多く[30)32)]、教員がこの子どもたちの特性を良く把握し、十分に理解した上で適切に対応することが重要でしょう。

表5　担当不登校児童の「気持ち」に対する教員の認識

児童の「気持ち」	回答人数	(%)[1]
学校に行きたかったが行けなかったようだ	21	55
自分は「不登校を悪いと思っていない」が、他人の見方が気になっていたようだ	12	32
学校に行かないことをとても辛く、悲しく感じ心理的負担があるようだった	7	18
全く分からない	4	11

(複数回答)

1) 各項目を選択した人数の不登校に対応経験のある教員数に対する割合を示す。

　さらに、不登校児童に対応した経験がある教員は、不登校中の児童は「他人の目が気になる」「やる気が起きない」「生活時間の乱れがある」「体調不良」と感じたと回答しています（表4）。学校に来ない・来れない児童の、日中の様子を教員が観察する機会は少なくなります。家族や児童の友人と情報を交換することで、ある程度児童の状況を把握することは可能です。まめに情報を収集する中で、入浴をしない・着替えをしない等、児童虐待や疾患が疑われるケース[1)8)]については、すみやかに専門機関の相談につなげることで、さらなる状況の悪化を防ぐことができます。特段の重篤な理由がなく、「学校に行きたいけど行けない」（表5）という状況に児童が陥っている場合は、家庭訪問や手紙のやりとりを通して、少しずつ児童と関わる時間を増やし、登校復帰に結びつけることも可能です[10)33)]。また、不登校では教員が不登校を理由に児童の観察を放棄したり、あきらめるのではなく、まずは児童とその周辺の情報の収集に努めることが、何よりも大切であると思います。

　このように一生懸命に不登校の児童のために努力されている教員たちが、不登校児童の対応に「有効」と回答した方法について、ひとつひとつ検討していきましょう（表6）。不登校児童への対応経験がある教員の7割以上が「登校を促すため、電話をかけたり迎えに行くなどする」「家庭訪問を行い、学業や生活面での相談にのる等様々な指導・援助を行う」ことが有効だったと回答し

表6 在職校の不登校児童に対する支援方法

支援方法	回答人数	(%)[1]
電話や迎えに行く	45	75
家庭訪問や相談	43	72
保健室等別室登校	34	57
教職員の共通理解	32	53
スクールカウンセラー	23	38
学校全体での指導	20	33
養護教諭の指導	8	13
その他	3	5

（複数回答）

1）各項目ごと回答人数の、解析人数（60人）に対する割合を示す。

ています。約6割は「保健室等特別な場所の登校で指導」が役に立ったと回答されました。不登校児童の状況把握に努めるとともに、「居場所」が学校内に確保され、児童本人がその場所を「安心して過ごせる居場所」と認識することができれば、教室に戻る前段階としてその場所を利用することができます。さらに、半数の教員が「研修会や事例検討会で教職員の共通理解を図る」と回答しています。校長のリーダーシップのもとに日ごろから組織的、計画的に具体的な対応ができるような指導体制作りを前提に、時には専門機関の職員の支援を受けながら、研修会や事例検討会で教員が学び、共通理解が図られることは、複雑な要因・背景をもつ個々の不登校のケースの指導に有効であると考えます。約4割の教員は「カウンセラーが専門的に指導に当たる」と回答しました。児童生徒およびその保護者にとって、成績評価の主体である常勤の教員（一般教員）には相談しにくい事項も、スクールカウンセラーには相談できる場合があるので、児童生徒や保護者が、スクールカウンセラーの訪問指導やメールでの相談ができるような環境をさらに整える必要があるでしょう。また、3割の教員は「学校全体の職員が当該児童に触合いを多くする」と回答しました。これは、「一人の児童を学級担任のみならず学校の職員みんなで見守り指導する」という意味と思います。学校全体が当該児童に限らず一人一人のかけがえのな

い児童の存在を意識し、教職員との触れ合いを多くすることが、それぞれの児童の学校内での居場所づくりにつながると考える教員の存在が窺えます。また、1割と少数ですが、「養護教諭が専門的に指導に当たる」と回答した教員もいました。児童の不登校の様子や学校の実態により養護教諭が不登校児童を直接担当する場合があります[10)21)33)]。文部科学省の報告書[34)]では、不登校児童生徒の再登校支援に「特に効果があった学校側の措置」の中に「保健室等特別の場所に登校させて指導に当たった」が挙げられています。同報告書[34)]は、養護教諭が不登校児童生徒の指導と不登校防止に果たす役割の大きさを指摘し、養護教諭が児童生徒の内面の理解に努め、不登校傾向を認識した時点で学級担任や関係者と連携し、組織的に当該児童生徒を指導・支援することを求めています。日本学校保健会[35)]も、「保健室登校が教室に復帰するまでのステップとなっており、不登校児童の対応に養護教諭の果たす役割は大きいと考えられる」と述べているのです。しかし、本調査では、残りの9割の教員は、不登校児童に対する養護教諭の役割を認識していなかったとも言えます。6割が「保健室等特別な場所で指導にあたる」と回答したにもかかわらず、「養護教諭が専門的に指導にあたる」と認識していなかったことになります。今回の調査は2校の小学校教員に対して実施しており、一般教諭58人に対して養護教諭は2名でした。養護教諭は1校に1名で、公立小学校の場合全校児童数850人までは1人職と定められており[36)]（中学校は生徒800人につき養護教諭ひとり）、救急処置や健康教育等の保健管理等で多忙を極めています[37)38)]。養護教諭が主体的に単独で不登校児童と関わることは想定しにくいことから、これは、本調査対象とした大規模小学校の現状をそのまま反映していると考えます。不登校児童に対する養護教諭の役割を認識していた1割の教員は、過去に不登校児童の存在を介して養護教諭と専門的に関わった経験があるのかもしれません。一般教員が養護教諭と連携し、養護教諭の専門性と保健室の機能を生かすことが、児童の不登校予防および不登校児童の再登校を促すための方策として有効である[10)33)]との認識を、学校関係者がさらに深めることが重要であると考えます。

　子どもは、社会の中で生きていくのです。家庭でも学校でも、まわりの誰か

ひとりでも彼らのために真剣に関わる大人がいさえすれば、明日も生きていける、そんな子どもがいる、そのために学校に何ができるのか、本調査結果から、その一端が垣間見えたのではないでしょうか。

前述のケース1「不登校のAさん」の終わりのところでもふれましたが、忘れてはいけないことは何が何でも登校させることではありません。そのとき、その子にいちばんあったスペースの確保を求めていくことが最も良いのです。

C．さらに知りたい方のために　　　　　　　　（文責　吉田浩子）

今後同様の調査をされる方のために、今回の調査研究の前提として必要な知識について、以下に簡単にお伝えしておきます。

C-1　研究計画書の作成と倫理審査申請

研究を目的に実施される調査は、研究目的を充当するための最善の方法が当該調査であることが前提となります。研究の目的に従って調査対象者を選定し、質問紙を作成し、その手つづきを決めます。

研究分野によって少しずつ手続きは異なるものの、先進諸国ではヒトやヒト以外の動物を対象とした研究は、倫理審査委員会あるいはそれに相当する機関（IRB 治験委員会等）の承認を得て実施することが原則で、多くの学術誌は、倫理審査を経ていない研究論文の掲載を認めていません。我が国においては、文部科学省等が公募する公的研究費に応募する際、申請者が研究倫理に関して所定の学習を終えたこと証明する所属機関の証明があること、および申請内容の研究が研究遂行時には研究倫理審査を経ていることが応募の前提となっています。学術目的の調査は、単に「面白そう」「知りたい」「興味がある」という知的好奇心から実施できるわけではなく、研究目的を充当するためにその調査の実施の必然性が明らかで、倫理的に問題がなく、かつその研究に学術的価値があることを、第三者に認められることが必要です。研究は社会的責任を伴う行為だからです。

人を対象とした研究の場合、現在（平成28年12月時点）は国が定めた「人を対象とする医学系研究に関する倫理指針」[39]の適用があると判断される医学とその周辺領域における研究については、研究計画書を作成したら、その研究計画に倫理的問題がないかどうかを確認するために、所定の機関に倫理審査を申請します。倫理審査の結果、研究計画の遂行が承認されて初めて、調査を実施することができます。倫理審査委員会が設置されている大学等の研究機関や病院に研究者が所属する場合は、所属機関が定める倫理審査申請書、研究計画書等の必要な書類を整えて申請します。所属機関に倫理審査委員会がない場合は、倫理審査を行っている自分の所属学会等に倫理審査を依頼することになります。

　今回は、筆者の所属大学の倫理審査委員会に審査申請し、「疫学研究に関する倫理指針」（当時）に照らした倫理審査が行われ、研究遂行の承認を得ました。一般的に人を対象とした調査や実験について書かれた学術研究論文には、「大学の倫理審査委員会の承認」と書いてありますが、この部分が、この手続きを経たことを示しています。今回の調査では、その前提として、調査を実施する学校を管轄する教育委員会、各学校長に書面にて研究協力を依頼し、研究許可を得ました。各研究機関や倫理審査委員会によって審査対象、倫理審査申請書の書式、提出を求められる文書の種類は様々ですが、「医学とその周辺領域」に相当する研究分野については、国の定める「人を対象とした医学系研究に関する倫理指針」[39]に明示されている内容が、必ず記述してあることが必要です。詳細は各自が所属する研究機関や学術団体に問い合わせると良いでしょう。

　なお、調査目的が研究目的ではなく、教育目的に限られ、得られたデータの使用が学校内に留まる場合は、学校長の許可、データから得られた結果を学校外の教育雑誌等に掲載する場合は、学校長および教育委員会の許可が必要と聞いていますが、この場合も所属される学校とまず相談する必要があるでしょう。

C-2 調査用紙の作成

　調査用紙、すなわち質問紙は、質問紙調査法の作法に従って作成します。
　まず、いかなる場合も、調査者側は、その調査に協力するかどうかは、回答者本人の自由な判断にゆだねられ、協力したくない場合は協力しないで良いこと、その場合も一切の不利益は被らないこと、を回答者に保証する必要があります。この説明は「研究協力のお願い」といったタイトルで研究目的とともに質問紙の「表紙」に記述します。その説明を読んで「協力しても良い」と思った人だけが回答することを保証することが大切です。この「説明を十分に理解した上での研究協力同意」、すなわちインフォームドコンセントは成人あるいは15歳以上に対して有効とされることが多く、未成年の場合は原則として必要に応じた保護者の同意が必要になります。さらに、現在ではインフォームドアセントが必要になりましたので、保護者のみの同意だけでは難しいこともあります。たとえ相手が子どもであっても、その発達段階に応じて理解できる説明を行った上で、同意を得ることが必要です。特に、社会的に弱い立場にある者、子ども、障がい者、患者等を対象に調査をする場合は、細心の配慮が必要です。いかなる場合でも、回答者が回答を強制されることはあってはならないことです。
　調査は研究目的を充当することを目的に調査仮説に基づいて遂行されるので、質問紙の内容は、その調査目的を充当するために必要な事項であることが前提となります。昨今では、回答者の基本属性と呼ばれる「性別」「年齢」といった事項も、当該調査目的の充当に必然的ではないと判断される場合には「尋ねない」こともあります。集計後の統計処理の方向性もすべて見通した上で、必要な事項のみを尋ねることが大切です。このため、本調査を実施する前に、何度も予備調査を実施することも多いでしょう。個人情報保護に抵触する可能性がある内容や、回答者の心理的負担になる可能性がある質問は、特に慎重に作成する必要あります。研究目的の調査では、回答者はいかなる場合も答えたくない質問に答える義務はないのですが、回答するしない以前に、「読んで不愉快になる」ような質問は提示すべきではありませんし、不用意に心理尺度等を

使用すると、倫理審査申請時に調査許可の承認がなされない可能性があります。

　また、アンケート（無記名自記式質問紙）調査の場合は問題にならないことが多いですが、誰が回答したか、個人が特定される記名式のアンケート調査の実施に際しては、研究者とは別に情報管理者を設定し、情報管理者が回収した回答用紙が誰のものかわからないように匿名化した上で、研究者に渡すことになります。この場合は、情報管理者の手元には匿名化のために新たに付与した番号が誰のものであるのか明記された連結表を残すことがあり、情報管理者はこの情報を厳重に管理します。これは例えば、ある学校の子どもたちの不安の程度を「その学校に所属する子どもたちの集合」全体の傾向を知ることを目的に調査した際に、教育的配慮として個別対応が必要と思われる極端に不安が高い子どもの存在が明らかになった、といった場合に、その子どもが誰であるかを情報管理者が特定することができる、といった利点があります。研究者と情報管理者を兼ねることはできず、情報管理者はその研究とは無関係な第三者を選定します[注]。

　質問紙で使用する設問の一部には、作成者の正式な許可があることを前提に、既存の尺度等を使用することができます。今回は、小学校第6学年を対象にした調査は、文部科学省[40]や財団法人日本学校保健会[17) 19)]、独立行政法人理化学研究所分子イメージング科学研究センター[28]、武蔵国際総合学園[41]等の調査で使用されたものを参考に作成しました。これらについては「引用参考文献」のところでオリジナルの出典を明示しています。またインターネット調査では、前出の独立行政法人理化学研究所分子イメージング科学研究センター[27) 28) 42) 43)]が作成したものを作成者である渡辺・福田[27) 28)]氏の了解を得て使用しました。

　調査用紙配布時の手続きについても、様々な配慮が必要になりますが、ここでは割愛します。社会調査[44]、質問紙調査[45]に関する資料を巻末の引用参考文献に挙げておきます。

注）平成29年春の個人情報保護法改正法全面施行に伴い、倫理的配慮のあり方も変わる可能性があります。今後の人を対象とした研究はすべて改正法および改訂後の倫理指針に従って実施することになります。

C-3　アンケート調査時の具体的手続き

参考までに、今回のアンケート調査の実施に関わる実際の方法について以下に示ししておきます。いずれも、門田が当時所属していた大学の倫理審査委員会の正式承認を得た上で実施しました（人間総合科学大学倫理審査委員会　承認番号第183号）。

C-3-1　第6学年児童を対象としたアンケート調査

A県2010年9月23日～2010年9月24日、B県2011年7月13日～2011年7月14日に、A県A市[15] 2校とB県B市[16] 2校の公立小学校計4校の、第6学年児童418名を調査対象者に学級活動の時間にアンケート調査を実施しました。A県A市およびB県B市とも、それぞれの県内ほぼ中央に位置しています。両市とも首都圏のベッドタウンで、田園や自然も多く残されており、学校教育に少人数学級指導を取り入れ、心と体の健全育成事業を教育行政の重点施策としている地域でした。調査にあたっては、A市とB市の教育委員会に調査依頼し書面で正式な承諾を頂いた上で、A県A市立小学校2校、B県B市立小学校2校の学校長に調査協力をお願いし、正式な許可を頂いた上で、各学級担任の先生のご承諾を得ました。質問紙[17) 19) 28) 40) 41)]では、登校意欲と学校と家庭での生活実態に関する項目（睡眠、食事、運動、娯楽、学習、友人関係）を尋ねました。

調査開始時には、各学級担任の先生が、対象の児童に対して本調査の目的および回答の方法について書面に添って説明しました。質問紙に名前を書いてはいけないこと、答えたくない質問に答える必要はないこと、白紙で提出しても学校の成績や生活にはまったく関係がないことをしっかりと児童が理解したことを確認した上で、調査用紙を配布しました。児童の回答が終了したら、先生は回答が見えないように表紙を上にしてすぐに回収し、その場で質問紙回収用の大封筒に入れ封をし、そのまま校長室に待機している筆者に手渡しましたその結果、在籍数427人中、調査当日の病欠者9人を除く出席者418人の回答

（回答率100％）を回収することができました。無回答、記入もれ等の不備を除き、最終的に総計383人（男子199人、女子184人）のアンケートを有効回答（有効回答率91.6％）として分析することができました。

C-3-2　小学4年生から中学3年生の保護者に対するインターネット調査

　2011年2月25日～2011年2月27日に、調査受託会社に委託してインターネットを介したアンケート調査を行いました。調査対象者は、A県に居住し、A県内の小中学校に通学している小学4年生から中学3年生の児童生徒と同居しているその保護者としました。同居する自身の子どもが複数名該当する場合はいずれか1名のみを選び回答して頂きました。調査の回答のためのインターネット上の操作は保護者が実施し、保護者には子どもと一緒に子どもの意見を代理で入力するようにお願いしました。調査内容[27) 28) 42) 43)]は、生活実態と学習に対する負担感・疲労感・心身不調に対する自覚症状でした。

　結果的に、小学生については、インターネット調査会社からの調査依頼に応答した保護者306人の回答から、無回答、記入もれ等の不備を除き（有効回答率90.8％）、最終的に小学生の子ども278人（男子134人、女子144人）に関する回答を解析の対象としました。中学生についても同様に保護者308人の回答から、無回答、記入もれ等の不備を除き（有効回答率86.7％）、最終的に中学生の子ども267人（男子126人、女子141人）に関する回答を分析することができました。

C-3-3　小学校教員を対象としたアンケート調査

　2010年9月13日～2010年9月17日に協力同意を得られたA県A市[15)]の公立小学校2校の全教員72名を対象に無記名のアンケート調査をお願いしました。各小学校を所管する教育委員会から正式な調査許可を頂いた上で、校長の調査協力同意を得られた小学校の教員に対して無記名のアンケート調査を実施しました。筆者がそれぞれの小学校に出向いてアンケート用紙および研究協力依頼書を配布させていただきしました。その際、研究協力は任意であること、調査

に協力を得られない場合や質問紙の未提出・未記入であっても何ら不利益はないこと、アンケート用紙の提出をもって、研究の意義を理解し、研究協力に同意したものとみなすこと、無記名のため個人は特定されないこと、得られた結果は研究者によって厳重に管理され、研究目的のみに使用されること、論文発表時には学校名や地域もすべて匿名化され、特定されることはないこと、研究終了後はすべてのデータは適切に廃棄されること、利益相反はないこと、を書面で確約しました。アンケート用紙を各自持ち帰って頂き、自宅で回答を記入、回答用紙を返信用封筒に封緘した上で、職員室教頭机上に設置された大封筒に適宜入れるようにお願いしました。この大封筒は中には一切手を触れずに校長が封緘し、校長室にて保管して頂き、筆者が直接受け取りました。

　質問紙は、文部科学省の「不登校に関する実態調査」[46]他[47]、財団法人日本学校保健会、各県教育委員会の報告を参考に作成しました。具体的には、１．回答者のプロフィールおよび生活実態調査（６問）　２．不登校児童に関する指導経験　（①不登校のきっかけ（１問）　②当時の行動（20問）　③不登校児童の生活実態（３問）　④不登校児童の気持ちの推測（１問）　⑤不登校児童に関わる利用専門機関（１問）　⑥学校の不登校児童及び不登校児童担当教員に対する支援内容（１問）　⑦教員として改善したいこと（１問））について尋ねました．

　結果的に、調査当日の在籍教員72人中60人（83.3％）のアンケート用紙を回収した。無回答等の不備はなく、最終的に総計60人（学級担任46人：76.7％、担任以外14人：23.3％）のアンケートを有効回答（有効回答率　100％）として分析することができました。

C-4　回収率と有効回答率

　回答用紙（調査票）をすべて回収した後で、真っ先にすべきことは、回収した用紙の枚数を数えることです。この時、ついでに「すべての質問に指示通りの回答が記入された回答用紙」と「指示通り質問に回答していない、あるいは回答が記入されていない部分がある回答用紙」に分けると良いでしょう。この

作業の際に「すべての質問に指示通りの回答が記入された回答用紙」に通し番号で回答者番号を書き込んでいきます。集計を男女別に行う予定であれば、この段階で男女に分けて、それぞれの集団で、すぐに性別がわかるような番号を付与しておくと良いでしょう。この作業が完了すると、配布した調査用紙のうちの何枚が回収できたか、ということがわかります。この配布した回答用紙の枚数を100とした場合の、回収できた回答用紙の割合を「回収率」または「回答率」と呼びます。さらに、回答者番号を書き込んだ「すべての質問に指示通りの回答が記入された回答用紙」の枚数も、通し番号の最後の番号を見れば、すぐにわかります。この「すべての質問に指示通りの回答が記入された回答用紙」は、「無回答や記入漏れ、誤記入があった回答用紙を除き、すべての回答に正確に回答してある回答用紙」ですから、分析の対象として「有効な回答用紙」というになります。回収した回答用紙の枚数を100とした場合の、この「有効な回答用紙」の割合を「有効回答率」と呼びます。

　原則として、このすべての設問にきちんと回答した回答者の集合を「有効回答」とみなし分析の対象とすることが多いのですが、この有効回答率があまりに低い場合は、各設問ごとに有効回答率を算出し分析することもあります。

C-5　分析の方法

　今回は、データベースの作成にエクセルを用い、統計解析には「4 steps エクセル統計　第3版　付録アドインソフト statcel 3」[48]を用いました。初心者にも分かりやすく解説してありました。

おわりに

　人間総合科学大学には、「こころ」と「からだ」の健康について、その有機的な関連性を追及する学問領域の大学院があります。本書はその心身健康科学専攻の博士論文を元にして作成しました。

　公立の小学校に勤務していた頃、子どもたちの「こころ」と「からだ」に関連性があることは感じていても、それを学術研究としてまとめることが叶うとは夢にも思っておりませんでした。それが、この大学院の博士課程に入学し、目に見えない子どもたちの「こころ」と生活の中に現れる「からだ」にまつわる様々な事象との関連を科学的に実証することの重要性を知り、指導教授の青木清先生から、子どもたちのために役に立つ研究になると励まされ、この研究がスタートしました。「実践の職場で得た疑問を学問的に解決する」という社会人に開かれた通信教育の博士課程は、自らの長年の問題意識を研究課題として昇華する場として最適でした。しかし、いざはじめてみると研究計画の立案、研究方法の選択、調査手法の獲得から得られた量的データの解析、学術論文の書き方に至るまで、すべてが初めてのことばかりで、とても戸惑いました。統計学の初歩から学術上の決まりごと、文章表現まで、あらゆる内容について教授吉田浩子先生をはじめとする多くの先生方からご指導いただきました。大学職員の方からもいつも温かく励ましていただき、大学図書館司書教諭の先生は参考書や統計ソフトをご紹介くださいました。みなさまのお陰でその成果をここにまとめることができましたことに、心から感謝しております。また、調査研究にご協力を頂いた神奈川県厚木市教育委員会および埼玉県蓮田市教育委員会関係の皆さま、各学校の校長先生、教職員の皆さま、児童生徒の皆さま、保護者の皆さまに心からお礼申し上げます。

　調査結果から、子どもたちの生活習慣と生活実態の一端が見えてきました。「登校意欲」と「生活実態」に関連があること、学校生活のあり方と「登校意欲」「学習に対する負担感」「疲労感」「心身不調に対する自覚症状」に関連が

あること等、現職の時に何となく感じていたことがはっきりとした数値になって示されたことは、大きな驚きでもありました。調査結果だけでなく、この調査を通して学んだことについても触れてありますので、これから調査をされる養護教諭を始めとする多くの方のお役に立てば幸いに存じます。

また、本書でまとめた「実際のケース」は、現職時代に上司、同僚、時には学校外の専門家の方の知恵をお借りしながら、悩みつつ取り組んできた内容の一端をご紹介したものです。いずれも、どこの学校にでも普通に見られる事例で、今も現場の先生方は、当時の私たちと同じように悩みつつ解決に向けて全力を尽くしておられると思います。日々の業務に忙殺されておられる先生方がほとんどではないでしょうか。なので、例えば、不登校児童生徒に対しても、ゆっくりとその子どものペースに合わせて関わることが最良ではあるのですが、そのゆとりがないこともあるかもしれません。それでもなお、学校は、どうして良いかわからず困り果てている子ども、保護者、教職員が、いつでも相談しあえる場であり続けて欲しいと願って止みません。

おわりに、この本が生まれるきっかけをつくってくださいました産業図書代表取締役　飯塚尚彦様、前編集部部長代理　鈴木正昭様に心から感謝申し上げます。

　　　　　　　　　　　　　　　　　　　　　　　文責　門田　美惠子

あとがき

　大学教員として大学生の学生生活支援に関わっていたことがあります。毎学期の終わりごとに、所属学科の学生の中から履修状況の良くない約1割の学生を抽出し、ひとりずつ話を聞いて、どうしたら順調に大学生活を送ることができるか、一緒に考えました。多い時は学期ごとに百人近い学生の話を聞いたでしょうか。入学させた以上、いかなる学生もきちんとした社会人、子どもを育てることができる大人として世の中に送り出すことが大学の責務である、という当時の学長の導きもあり、本当に多くの学びを頂きました。私自身の本来の専門分野は対人支援とは無縁なので、児童精神科医をはじめ、様々な対人支援を専門とする上司、同僚に導いて頂きながら、何とか学生たちを無事卒業させるために、奮闘努力しました。

　そんな日々の中で、私の頭を離れない疑問がありました。ほとんどの大学生は、当面の問題を解決するお手伝いをすることで、無事に卒業し、立派に社会人として巣立っていくのです。でも、彼らの中には、専門家の手を借りながらどんなに私たちが頑張っても、どうにもならないケースがありました。特に家族関係の問題が原因で何らかの困難が生じている場合は、本人が自立する気力すら失っていることが多く、解決までに長い時間が必要でした。18歳以上の大学生は、児童相談所の管轄年齢を超えますが、彼らの多くはまだ保護者からの経済的支援に頼っています。呪文のように、卒業さえすればあとは自由と唱えても、それまでの壮絶な体験に問題解決のためのエネルギーを奪われて、今日を生き延びることだけが目標のような学生がいたことを良く覚えています。子どもの頃から抱えた困難の中には、大学生の年齢になってから解決しようとしてもどうにもならないこともあることもまた確かのように感じました。そんな学生たちを見るたびに、私はいつも高校までの先生たちはどのように関わってこられたのだろう、と不思議に思ったものです。家族関係がうまくいかず、心の栄養不足が続いたまま大学生になって苦しむ若者たちに、何度「これまでに

学校の先生に相談したことがありますか」と尋ねたことでしょう。いつも答えは「相談したけれど何もしてくれなかった」あるいは「相談することができなかった」のどちらかでした。彼らは、大人に見捨てられたまま大学生になった子どもに見えました。

　そんな学生支援の生活を終えた直後に、門田さんにお会いしました。博士課程の研究をお手伝いさせて頂く中で、本当に様々なことを教えて頂きました。中学校を卒業してすぐに准看護婦（師）の養成学校に入られたこと、正看護婦（師）から小学校の養護教諭になられ、日本でおそらくはじめて養護教諭の現職から小学校校長になられたこと、小学校の養護教諭になりたての頃は大学も卒業していないと言われたこと、養護教諭・教頭・校長になられてからは何よりも児童の最善を優先してすべてに対処してこられたこと、大学院の修士課程では質的研究をされたので、博士課程では量的調査について学びたいと思われて進学されたこと、そのお話しのすべてが、私には新鮮で、かつ深い学びとなるものでした。こんな先生とあの学生が小学生の時に出会っていたら、違った人生になっていたかもしれない、そんなことを思いました。誰かひとりでも真剣に関わってくれる大人がいれば、子どもは健全に生きられる、ずっとそう考えていましたが、門田さんは、その実例そのものでした。

　知識は伝達することができるかもしれません。でも、転んでも起き上がる力の源は、知識だけでは足りません。自分以外の誰かが、自分のために一生懸命になってくれた、その記憶が生きる支えになることがあります。教育者と呼ばれる人たちは、その子どもの記憶を紡ぐ人たちであることを、私は門田さんから学びました。

　教育とは祈りでもあるのでしょう。門田さんが関わった子どもたちが、私を育ててくれた多くの学生たちが、いつも幸せであるように祈ります。明日が今日より良い日であることを信じられる子どもたちがひとりでも増えますように。

文責　吉田浩子

引用参考文献

1) 文部科学省（十一元三・采女智津江・門田美惠子　他共同執筆）：子どもの心のケアのために－災害や事件・事故発生時を中心に－　pp.20-24、pp.31-32　東京　2010
2) 文部科学省：教職員のための子どもの健康観察の方法と問題への対応　pp.11-19　東京　2009
3) 杉浦守邦監修：養護教諭講座.1　養護概説　第5版　p.249　東山書房、京都　2012
4) 財団法人日本学校保健会：学校のアレルギー疾患に対する取り組みガイドライン、東京　2008
5) 日本赤十字社：救急法講習　11版　p.21　東京　2015
6) 日本赤十字社：救急法基礎講習　4版　p.13　東京　2015
7) 小児科学：高等看護学講座　小児科学　p.20　医学書院、東京　1965
8) 文部科学省：養護教諭のための児童虐待対応の手引き　pp.15-17　東京　2007
9) 門田美惠子：登校拒否児童に対して養護教諭の行う指導・援助モデルの開発―行動療法志向の折衷主義の立場から―　筑波大学大学院修士課程　教育研究科カウンセリング専攻　修士論文、東京　1995
10) 國分康孝・門田美惠子：保健室からの登校―不登校児への支援モデル―　第6版　pp.78-83　誠信書房、東京　2002
11) 門田美惠子：「いじめ・不登校の指導と社会性の育成」　指導と評価　1996、11　Vol.42　pp.38-42　日本教育評価研究会
12) 石川道雄：「火を囲んで」　朝のリレー　光村ライブラリー・中学校編第5巻　pp.82-83　光村図書出版株式会社、東京　2005
13) 門田美惠子・吉田浩子・大東俊一・青木清：「小学校第6学年児童の登校意欲に影響を与える生活実態」　心身健康科学 Vol.8　No.2　pp.86-95　日本心身健康科学会　2012、9
14) 門田美惠子：小中学生の生活実態と心身の健康―心身健康科学の知見から―　人間総合科学大学大学院　人間総合科学研究科　心身健康科学専攻　博士論文　埼玉　2015
15) 神奈川県　厚木市［http://www.city.atsugi.kanagawa.jp］　2015年4月4日
16) 埼玉県　蓮田市［https://www.city.hasuda.saitama.jp］　2015年4月4日
17) 財団法人日本学校保健会：学校と家庭で育む子どもの生活習慣、東京　2011

18) 学校保健・安全実務研究会　編著：新訂版学校保健実務必携　pp.367-370　文部科学省「実践事例集心の健康と生活習慣に関する指導　平成15年3月：心の健康状態と生活習慣の関連実態調査から分かったこと」　第一法規　2011
19) 「児童生徒の健康状態サーベイランス」事業委員会：平成20年度児童生徒の健康状態サーベイランス事業報告書、財団法人日本学校保健会、東京　2010
20) M Gradisar, G Terrill, A Johnston：Adolescent sleep and working memory performance, Sleep and Biological Rhythms, 6：pp.146-154　Australia　2008
21) 中村美詠子・近藤今子・久保田晃生他：不登校傾向と自覚症状、生活習慣関連要因との関連―静岡県子どもの生活実態調査データを用いた検討―、日本公衆衛生雑誌、57(10)：pp.881-889　2010
22) 文部科学省：子どもをめぐる状況、平成15年度小中学校教育課程実施状況調査質問紙調査集計結果　2003
23) 文部科学省：小学校学習指導要領解説　算数編第8版：pp.69-87　2015
24) 文部科学省：小学校学習指導要領解説　国語編第9版：p.126　2015
25) 門田美惠子：私の歩んできた道、第15回研究大会集録、愛知県養護教育研究会誌、愛知　pp.22-39　2004
26) 門田美惠子：努力積み重ねて大学院修了―子どもたちの悩みに取り組む―、生涯フォーラム No.1172、社団法人社会教育協会、東京　pp.16-20　1997
27) 渡辺恭良・定藤規弘・福田早苗・プロジェクトチーム：「非侵襲的脳機能計測を用いた意欲の脳内機序と学習効率に関するコホート研究」研究開発実施報告書：子どもたちの学習意欲向上のために―脳科学と教育研究の成果から―：独立行政法人理化学研究所
28) 渡辺恭良・福田早苗・山野恵美他：小中学生の意欲・疲労に関する追跡調査報告書、独立行政法人理化学研究所イメージング科学研究センター、大阪市立大学大学院医学研究科　2009
29) 國分康孝・河村茂雄：学級の育て方・生かし方、金子書房、東京　1996
30) 国立教育政策研究所生徒指導研究センター：不登校への対応と学校の取り組みについて―小学校・中学校編―（5版）、（株）ぎょうせい、東京　2009
31) 河村茂雄・品田笑子・藤村一夫：いま子どもたちに育てたい　学級ソーシャルスキル（小学校低学年）、（株）図書文化、東京　2007
32) 黒澤礼子：　発達障害に気づいて・育てる完全ガイド　第3刷、講談社、東京　2008

33）國分康孝（編集代表）・門田美惠子・坂本洋子他（編・執）：保健室からの育てるカウンセリング3刷、図書文化、東京　1998
34）文部科学省国立教育政策研究所生徒指導研究センター：生徒指導資料　第1集　生徒指導上諸問題の諸問題の推移とこれからの生徒指導－データに見る生徒指導の課題と展望－、p.31　東京　2009
35）財団法人日本学校保健会：保健室利用状況に関する調査報告書、財団法人日本学校保健会出版部、pp.13-22　東京　2008
36）公立義務教育諸学校の学級編制及び教職員定数の標準に関する法律　平成13年3月31日公布　平成13年4月1日施行
37）林典子：心身の健康の問題を持つ生徒への対応と予防の取り組み、精神科臨床サービス7巻1号：pp.34-37　2007
38）三木とみ子編集：養護概説：　第4版　p.28　ぎょうせい、東京　2007
39）文部科学省及び厚生労働省：「人を対象とする医学系研究に関する倫理指針」平成26年12月22日制定
40）文部科学省：平成20年度文部科学白書　pp.56-57　東京　2009
41）武蔵国際総合学園編：不登校と向き合う、p.13、武蔵国際総合学園、埼玉　2001
42）ChalderT：Development of fatigue scale, Journal of Psychosomatic 37：1 pp.47-153　1993
43）三池輝久：小児慢性疲労症候群　日本臨床65　pp.99-104　2007
44）島崎哲彦編著　社会調査の実際－統計調査の方法とデータの分析－　第8版　学文社　東京　2010
45）小塩真司編　質問紙調査の手順　心理学基礎演習 Vol.2　ナカニシヤ出版　京都　2009
46）森田洋司（代表）・池島徳大・小林正幸他：不登校に関する実態調査（平成5年度不登校生徒追跡調査報告書・文部科学省委託研究）　pp.77-80　現代教育研究会、京都　2001
47）国立教育政策研究所生徒指導研究センター：中1不登校生徒調査（中間報告）［平成14年12月実施分］－不登校の未然防止に取り組むために　p.4　東京　2003　www.nier.go.jp/a000110/futoukou.pdf
48）柳井久江：4Stepsエクセル統計　第3版、（有）オーエムエス出版、埼玉　2011

表一覧

表1	教員経験年数と不登校児童対応経験	56
表2	教員として「改善したい」と思うこと	57
表3	対応児童の不登校のきっかけ	58
表4	担当不登校児童の行動傾向に対する教員の認識	60
表5	担当不登校児童の「気持ち」に対する教員の認識	61
表6	在職校の不登校児童に対する支援方法	62

〈著者履歴〉

門田美惠子（かどた・みえこ）
　　人間総合科学大学大学院博士後期課程修了　博士（心身健康科学）
　　元看護師、元養護教諭、元小学校校長、鎌倉女子大学教授を経て、
　　現　神奈川県厚木市教育委員会委員

吉田浩子（よしだ・ひろこ）
　　上智大学理工学研究科生物科学専攻博士前期課程修了　博士（理学）
　　上智大学生命科学研究所助手、川崎医療福祉大学助教授、教授　を経て
　　現　人間総合科学大学教授

青木　清（あおき・きよし）
　　上智大学名誉教授、人間総合科学大学名誉教授、
　　現　公益財団法人生存科学研究所　理事長

子どもの生活と心身の健康
―学校生活を快適に―

2017年2月28日　初　版

　　著　者　　門田美惠子
　　　　　　　吉田浩子
　　　　　　　青木　清
　　発行者　　飯塚尚彦
　　発行所　　産業図書株式会社
　　　　　　　〒102-0072 東京都千代田区飯田橋 2-11-3
　　　　　　　電話　03(3261)7821(代)
　　　　　　　FAX　03(3239)2178
　　　　　　　http://www.san-to.co.jp
　　制　作　　株式会社 新後閑

© Mieko Kadota, Hiroko Yoshida, Kiyoshi Aoki 2017　　印刷製本　平河工業社
ISBN978-4-7828-9034-9